Enyangi y'Ebitinge

Daniel Momanyi Mokaya

Copyright © 2022 Daniel Momanyi Mokaya

All rights reserved

This publication may not be reproduced, in whole or in part, by any means including photocopying or any information storage or retrieval system, without the specific and prior written permission of the author and publisher.

This book is sold subject to the condition that it shall not, by way of trade or otherwise, be re-sold, hired out, or otherwise circulated without the author's or publisher's prior consent in any form of binding or cover other than that in which it is published and without a similar condition including this condition being imposed on the subsequent purchaser.

First Edition: February 2022
Published by Nsemia Inc. Publishers
(www.nsemia.com)

Edited By: Matunda Nyanchama
Cover Concept & Illustration: Nsemia Inc.
Cover Design: Linda Kiboma
Layout: Bethsheba Nyabuto

Note for Librarians:
A cataloguing record for this book is available from Kenya National Library Services.

ISBN: 978-1-926906-90-4

Eng'ana Korwa ase Omorosia Egetabu

Konye atarasira, Daniel Mokaya Momanyi natotigerete amariko igoro y'enyangi y'Omogusii, mono buna yare koba n'obuya bw'enyangi eyuo. Tari bitabu binge bibwate amang'ana buna aya; amang'ana y'echingencho chi'Omogusii.

Nabo twaroberetie buna egetabu eke kerosigwe bwango egere amang'ana are ime aiga aikere baria baratake koyamanya. Oko nakuo kware okogania kwa Nyagosira amo n'eamate yaye.

Okoroberia na gosokia egetabu eke buna kere iga nomogoko omonene ase intwe buna abarosia na abaonia b'ebitabu.

Omogusii nigo are kobora buna "chaga onyore 'moinoiri akoinore" - buna onyore oyomanyete akomanyie egere ong'ainie. Egetabu eke nigo kebwate obong'aini obonge ase baria baratake komanya; nigo kegosemia obuya obonge igoro y'obomenyi n'obogima bw'Omogusii. Egetabu eke nakio 'omoinori' ase amang'ana y'enyangi y'Omogusii.

Ring'ana Korwa ase Abaroisia b'Egetabu Eke

Intore n'omogoko omonene gosokia egetabu eke ki'*Enyangi y'Ebitinge* kerikire na Nyagosira Daniel Momanyi Mokaya. Nigo atoreterete amariko y'egetabu kaare buya. Nonya orenge omorwaire, nabo abegete omokia omonene koenekia buna amariko aya aikeranire, egere egetabu eke gesoke geikere abanto bonsi ense engima.

Korende buna Omonguru are n'emeroberio yaye, omoriki agatonyora engaki egetabu eke getaraikerana koroberigwa. Ekero amabe ayio aba, naintwe tokaganya omorugi n'abana baye baraika gwancherana buna omwanchwa obo ochiire enchera atairane naende gocha ase ense eye tomenyete rero.

Amatuko naro tari inse; nigo akogenda bwango. Egeka giaetire korwa amabeaywo aba, korende rero twaikeranirie buna Nyagosira, omosani oito omonene, atagete. Nigo atagete buna egetabu eke kegaganywe, keroberigwe goika geikere abanto baito n'ense engima, na baria bare n'erang'o y'okomanya chimbua chi'Omogusii komenta n'obuya bore oo.

Ase okogania kw'omoriki, egetabu eke nigo kere ase omonwa bw'Ekegusii. Kobwatekena n'okogania kw'eamate yaye, amariko aya aonchoirwe gochia omonwa bw'Egesongo, egere n'abande baria batagwata Ekegusii nabarabwo bayasome: *Traditional Wedding in Gusii*.

Twabaganeirie obuya ase ogosoma ayare ime y'egetabu eke. Amange nare o y'obuya, nonya ayande kare ay'echingaki chiaeteire. Korende eye nenchera eyemo y'okomanya buna kera ekemo keria Omogusii are gokora n'ase engencho yare bo y'ogoikerania buna yatakeire.

Abatati

Nigo ngoaka buya mono ase Anne Nyanchong'i, omorugi one, ase okondemereria ekero narenge korika egetabu eke.

Naende, naakire buya mono ase omong'ina Nyasito Mokaya Onga'yo, omong'ina o Mochama Moromba, na omong'ina Onchiri Onyambu korwa Bonyaikoma, Nyankoba Sub-Location ase okong'a omogano bw'enyangi y'ebitinge. Aba bonsi ebanywometwe buna yarenge kare, ekagera bakamanya amange igoro y'enyangi eyuo.

Nairaneirie buya ase Francis Otieno Kerecha, Zachary Akunga Nyang'wono, Thomas Segera Nyang'wono, Teresa Kerubo Segera, Pacificah Kerebi Otieno bonsi korwa Bosaragei, Mokomoni Sub-Location, Kiabonyoru Location, North Mugirango ase ogonsemia igoro y'enyangi y'ebitinge.

Ṭinkweba John Kamanda Nyandiko, Nyamira Township Bonyamatuta Chache, West Mugirango, ase ogotwara ebinto ebikoro biria biare koba ase enyangi y'ebitinge.

Imente Assistant Chief (Rtd) Wesley Atuya Ogari, oyuo ise are Ogari Mochama, korwa Nyaramba Sub-Location, nere nabwate ebinto bia kare bi'enyangi.

Nigo ngoakera Nyagosira Tata Mokaya Ong'ayo buya ase okweera buuya buna enyangi y'ebitinge yarenge ase Bogetutu na Nyaribari. Buna abakoro batebete, *'tangori tata na baba 'ngesire; bakogota, nimbaraga ing'a konya na 'mbura egotwa 'mbaragere gesona*. Ekero nare korika egetabu eke nigo naganetie obomanyi obonge igoro ya amang'ana a kare. Tata nere nare korora orenge gocha gonkonya mono, korende agatang'ana kogenda koba n'echisokoro.

Naakire buya ase Pastor William Buruchara, ase ogosoma amariko amatang'ani y'egetabu eke ki'enyangi y'ebitinge.

Zablon Barake Ochungo, ase okorwa obosemia ekero nare korika egetabu eke.

Pastor Joel Nyarangi, University of Eastern Africa, Baraton, ase okorika na gosemia igoro y'egetabu eke.

Pastor Richard Nyakego ase okorika buna Enyangi y'eGekristo ere bono.

Nemwel Mogere Atemba, omoriki, *Abagusii Wisdom Revisited*, (Nsemia Inc. Publishers, 2010), ase ogoitona na gochana egetabu eke.

Jane Obuchi ase ogochana amariko ay'egetabu eke koyabeka ase Ekegusii ekenuke

Daniel Momanyi Mokaya
Omoriki

Igoro y'Egetabu eke ki'Enyangi y'Ebitinge

Egetabu eke ki'*Enyangi y'Ebitinge* nakio egetang'ani aiga Gusii, ase bono, gokwanera igoro ya amang'ana y'echinyangi buna chiare kare. Nigo kere ki'engencho enene kobwatekana buna kerikire ase Ekegusii. Egetabu eke nigo kegokwanera, ase obogare, igoro y'enyangi y'ebitinge igoro y'omonyanyangi/omokundekane, omonywomi, omongw'ansi, esigani, omoriakari n'abande ao ao komenta na keria barenge gokora ekero ki'enyangi.

Egetabu eke nigo kebwate amang'ana amayia igoro y'enyangi y'ebitinge, emebayeno y'obosemia obonene ase onde bwensi bwanchete omonwa oito bw'Ekegusii

Negwenerete ing'a, kera Omogusii aborigwe agesome, arore buna Omogusii abwate obonda obonene ase chingencho n'okomenya kwaye.

Abarai be chikasina (chitini, edini) korwa Gusii buna Pr. Joel Nyarangi, omworokia ase University of Eastern Africa, Baraton; Pr. Richard Nyakego, Executive Director, Seventh Day Adventist Church, Nyamira Conference; na Pr. William Buruchara nabarabwo barure ogosegeta egetabu eke gesomwe na bonsi baria banchete emegiro n'okomenya kw'Omogusii.

Chief Matundura, oyo ore omonyakerogo o Gusii Cultural and Development Council of Elders, ogetogirie egetabu eke na obaboririe abariki bande barike ebitabu bikworokia buna Omogusii arenge, na gwetogeria chingencho chiaito buna Abagusii.

Daniel Momanyi Mokaya
Omoriki

Table of Contents

Eng'ana Korwa ase Omorosia Egetabu iii
Abatati v
Igoro y'Egetabu eke ki'Enyangi y'Ebitinge vii
Omoriki bwe'getabu, Enyangi y'Ebitinge xi
Ogochutera Igoro kw'Egetabu Eke xiii
Eki Abande Bagoteba Igoro y'Egetabu Eke xvii
Enyangi y'Ebitinge: Omochakano 1
Chinyangi chi'Omogusii Koreng'ana n'Enywomo 5
Igoro y'Enywomo 7
Ogochora Esigani y'Enywomo 9
   Esigani Ning'o? 9
   Emeremo y'Esigani 10
Ebitambokero bi'Enyangi y'Ebitinge 13
   Korigia na Koria Oboko 15
   Ekerorano 17
   Okomana na Gokooba Chiombe 21
   Okonywoma/ Okwoyia/Omoiseke 29
   Egechabero 36
   Egekwano 36
   Egeticha Maino/Okogenia Abako 38
   Egesabo 38
   Egetaorio/Omwanania 40
   Echorwa 42
Gotimigwa Ebitinge na Gochoora Erieta 59
   Gotimigwa Ebitinge 59

    Gochora Erieta ri'Ebitinge 60
Okonywoma Abencheri Abange/ Enywomo 63
Enka n'Omochie bw'Omogusii 67
Aya Okomenta 71
   Emeino yachiete nkuma ase Gusii engaki ya kare 71
   Abagugia Obokano Bakumete Gusii 72
   Obokano 73
Chinyigekero/ Chiintuboka (Bibliography) 75
Chinuguta Chi'Omonwa bw'Ekegusii 76
Amang'ana Amayia Amating'u 77

Omoriki bw'Egetabu eke - Enyangi y'Ebitinge

Daniel Momanyi Mokaya (HSC), BA/Ed, USA, Diploma Real Estate, USA.

Nyagosira Daniel Momanyi Mokaya nigo aiboretwe omwaka 1950. Igo arenge omwana o kabere ase okoibora kwa omong'ina Nyagosira Mokeira bw'Omote na Nyagosira omogaka Mokaya bw'Ong'ayo korwa Nyankoba Sub Location, East Kitutu, Gusii.

Omoriki egetabu eke nigo asomete Biticha Primary School na Nyambaria High School erio akagenda kwegera obworokia aaria Kisii Teachers' Training College. Magega ya ayuo, akagenda gosoma mache ng'umbu, aaria Jersey City State College, NJ, USA. Abwo akanyora edigiri yaye ya *BA Education* n'eyende ya *Diploma in Real Estate* korwa St. Peter's College, New Jersey, USA.

Akanywoma omorugi oye Anne Nyanchong'i, bagasesenigwa. Bakanyora abana batano: Nyagosira Otwoma, Nyagosira Emmanuel Nyabuti, Susan Bosibori, Dorcas Kemunto na Job Nyang'wechi.

Omoriki bw'egetabu eke nigo arenge omworokia, omorandia, n'omosemia ase obomenyo obuya bw'enka engiya y'ogosemerigwa. Nabete kagokora emeremo na: *Teachers Service Commission* buna omworokia bw'e*secondary* na *primary* na koba omorai (*Principal*) bw'esukuru. Naende nakorete emeremo emenge ase *Seventh day Adventist Church* (SDA) buna oyomo bw'abarai b'ekanisa.

Komenta n'aywo, nigo arenge omorwanereri ase ogotasara abana abaiseke, ekagera akarika egetabu ase omonwa bw'Egesongo gekorokwa *Female Circumcision Among Abagusii Peoples in Kenya* (Nsemia Inc. 2012).

Naboigo nakorete emeremo na ADRA, Somalia buna Education Coordinator; Africa 70 buna Education Expert; Intersos buna Education Expert; CARE International in Kenya buna Education Coordinator aiga Kenya, Republic of Somalia nenchinse chinde chia isiko ya Kenya.

Omoriki oyo n'oyomo obo ase baria 33 batenenete ase obochori bwa Bunge korwa Kitutu Masaba omwaka 2007. Naboigo naboretie chikura chia Nyamira County omwaka 2013 ase ekerogo kia omokonyi (running mate) bw'Omogabana.

Naende, naetwe esiko ya Head of States Commendation (Civilian Division) na His Excellency the President of Kenya, Hon. Mwai Kibaki omwaka 2005.

Ebitabu arigete nabio ebi: *Female Circumcision Among Abagusii Peoples in Kenya* n'ekende gekorokwa *Orientation to College Life.*

Ogochutera Igoro kw'Egetabu Eke

Tata omonyibori, Mokaya Ong'ayo nigo arenge gokwana obuya bw'enyangi y'ebitinge ase ekerengo ekenene. Nigo arenge gotogia omoroberio bw'enyangi eyuo y'ebitinge aiga Gusii. Intararika egetabu eke nigo nanyorete buna omonwa bwe'Ekegusii ochakire gosira. Engaki enyinge, nonya n'Abagusii babere bare amo tibari gokwana Ekegusii ekiere ase egeka egetambe. Nigo bagochaka gosoa gwochogania Egesongo, Ekegusii gose Egeswahili. Tibari kogamba ase omonwa oito ase bakobeka amang'ana Ekegusii oka. Igo tibari kogamba erio Abagusii boka baigwe korende ogwochogania emenwa emenge, otagambe monto gose okwane bange tibaigwa.

Ase chikanisa chinyinge, ngoatananachire ababwatani babo ase ebiombe kobwatekana emenwa bakoigwa buya ekero gie'chireseni gose okwegera kwa bene. Omogwekano ase emechie emenene, 'nkobeka bare abanto ase omonwa bakageire koigwa buya buna Ekegusii, Egesongo, Ekegikoyo, Ekegere, Egekamba, nebinde.

Tata Mokaya Ong'ayo, Omosemia Ebicha eakire na Daniel M. Mokaya

Ase ebiombe buna ebio nigo okonyora baria bakwegeria nigo bagokoorera gosomia ase Egesongo gose bakwana amang'ana amange ase Egesongo. Bakoorera goteba buna omonwa obo tobwati amang'ana mange buna Egesongo.

xiii

Enyangi y'Ebitinge

Buna ekero ekemo abasae barenge kwegerigwa aaria Sironga ase Ekegusii, abasae aba nigo bakoorete bagoteba baegerigwe ase Egesongo, egekogera omonwa obo obabereire omokong'u.

Ase Abagusii, 'mbagotu ko 'mbasae, tari bange bagokwana Ekegusii ekiere. Ogosemeria kwane nigo kore buna egetabu eke geikeranie okogania kwane ase ogwancha omonwa oito.

Tata, Nyagosira Mokaya Ong'ayo, buna abagaka bande abakoro, nabete omoisia bw'ebiranya, omong'wansi, n'omobugia obokano ase chinyangi chi'ebitinge. Nere nigo akoreretwe enyangi y'ebitinge ekero are konywoma Baba Nyagosira Nyasito Nyaboga korwa Botondo, Chirichiro, Nyaribari.

Aya naro agerete inkarika egetabu eke ase omonwa oito erio togache amariko aya ase ebigori bia rero n'ebirache chingaki chire motwe.

Omoriki omonyankongo, o'Mokenya ominto, Ngugi wa Thiongo, ase ebitabu arigete ebinge, nigo agoteba buna ebitabu birikwe ase omonwa bw'ororera, omonwa bw'Ekegikoyo. Nigo akomenta buna n'ebinde bionchorwe gochia omonwa bwe'Egeswahili. Toinyore buna abakoro batebete, *mwacha mila ni mtumwa*, oyokweba chingencho chi'abanto babo oyuo nomosomba; tabwati bosibore kegima.

Toinyore naende buna omonwa bw'Ekegusii otarikiri nagokwanwa nigo orasire bwango mono buna onde atakagereti. Abanto abange tiga begerie abana babo omonwa bw'Ekegusii, gose omonwa bw'ororera (mother tongue).

Yaya, tiga tobe n'obosibore amo n'omorembe kweroka Abagusii onye togokwana na koigwa Ekegusii. Ekero narigete egetabu kiane egetang'ani ase Egesongo igoro y'ogotasara abana abaiseke ba Gusii, *Female Circumcision Among Abagusii of Kenya*, Abagusii abange nigo baganetie geonchorwe ase Ekegusii ase okobeka omoyo oboriki bw'Ekegusii.

Ase bono, emebayeno, chimbachero, nebike bire ase omonwa oito. Boigo, nigo eganetie tobeke omokia ase oboriki ase omonwa oito buna igoro y'emete ao ao ere amariogo, gose eria ende eragoite. Na boigo nimbeke omokia korika igoro y'ebieni bi'echimbori, chiombe n'etugo yaito, amang'ana amayia ase sayansi, ne'chingencho chi'Omogusii.

Aya ekero ararikwe nagere togendererie Ekegusii. Ase omogwekano, ase bono aiga Gusii titobwati getabu kende gekwera igoro y'amang'ana amayia (Dictionary)[1]. Igo torigie enibo torike aya ase ebitabu ebinge aiga Gusii.

Omonto oyomo omong'aini, okorokwa Cicero, bwatoire ase egetabu kia N. K. Nyang'era igo akwanete amang'ana aya:

"Gotamanya eki kiabete gose giakoregete otaraiborwa, igo nokogenderera koba omwana rioka. Obogima bwa mwanyabanto tibokoba na 'ngencho onye tibokobwateranigwa na boria bwechisokoro chiato ase omogano n'amariko.[2]"

Daniel Momanyi Mokaya
Omoriki

---

1 korwa Nyagosira Daniel Mokaya arika amang'ana aya, K. M. Bosire na G. K. Machogu barikire *Authoritative Ekegusii Dictionary: Endabaro/Endabasia y'Ekegusii*.

2 *"To be ignorant of what occurred before you were born is to remain always a child. For what is the worth of human life, unless it is woven into the life of our ancestors by the records of history?"*
— Marcus Tullius Cicero

Eki Abande Bagoteba Igoro y'Egetabu Eke

Egetabu eke Mokaya arikire, *Enyangi y'Ebitinge*, tikemocha gosomwa na abasae, chisigani amo na abaibori baria baganetie abana babo basoke buya. Abanto abange nigo bakonywoma na konywomwa bobe, ase engencho batari kobwatia emeroberio, na amachiko y'enywomo. Nonya titogokora buna Omogusii are gokora ase kera ekemo, korende amachiko aye igoro y'enywomo amo n'obosera bwaye tibirasira. Amachiko ayuo naro: okwearigania ase enyangi, ogoitaa gose omosae oyuo bw'enyangi n'omuya are, na ogoitaa enka eyuo gose n'engiya ere. Abange abakobwatia amachiko ayuo nabo bakonywoma na konywomwa buya. Igo Daniel Mokaya okorire egento ekiya ase ogotuka na kworokia amachiko ayuo y'enywomo egati ya Abagusii. Oria oragesome tagweitia ase ogokegora egetabu eke ki'enyangi y'ebitinge.

Pastor. Joel Nyarangi
Lecturer, University of Eastern Africa, Baraton

Omoriki oyo Daniel Momanyi, mosinto o'Mokaya, okorire buya. Chisemi echi arikire igoro *y'Enyangi y'Ebitinge* nigo chire echia engencho enene mono. Nare n'egesio oria orachisome na gochibwekania emegiro ende y'obomenyo bw'enyangi. Ebinto 'mbireo bire ebiya torakorere emeremo ase tore nonya nechingaki echi; naende 'mbireo biaeteirwe bono torasike buna emegano yaito ya kare. N'onde n'ere tiga asokie kende amente ase esomo eye engiya y'obosera.

Nemwel Mogere Atemba
Omoriki bw'egetabu gekorokwa Abagusii Wisdom Revisited (Emebayeno y'Abagusii)

Enyangi y'Ebitinge

Engencho enene yagerete abanto bakorete chinyangi chi'ebitinge bare kobibutora ekero baitabire amang'ana edini, nkeria buna nigo bare gweatanana n'obogima obokoro na gosoa ase obogima oboyia. Nigo ebitinge biarenge kororekana buna esanamu ende igo egosasimwa. Nakio kiare kogera omonto gaonchokire, na gochia ase ekanisa, arenge gotebigwa abutore ebitinge bionsi. Naende, abande babora buna ekende engencho bare koria chimuma ase ebinto ebi iga bionsi, nigo yarenge eira y'omonto omomwamu, oyuo rende ore gokagerwa buna tarenge n'oborabu boisaine koreng'ana buna baria b'ekanisa bare goteba.

Abamisonari baria baretete enchiri aiga seito ebinto n'ebinge mono bi'omonto omomwamu bakanetie abanto baria bare goitaba amang'ana edini. Nakio kiagerete bachagetie okobekerwa ebeta ekero omonto anywomire. N'ebeta eye nigo yarenge kobekwa na bonsi, abasacha n'abakungu. Korende ase Gusii ya kare n'omokungu bweka ore kobeka ebitinge.

Eyuo nero engencho enene yagerete ab'Adiventista (Seventh Day Adventists) bare gotebia omong'ina oonchokire buna goika abutore ebitinge erio amanye kobatiswa. Naende rende ase okogenderera kwa amasomo n'edini ebinto ebi iga bionsi bigasira, tibianyora abanto bare kobibeka chinguru na kobieegerera. N'ebinde biabo ebinge nigo biasirete kegima, bitari kororekana ase engaki ya rero.

Komenta n'ayuo, abanto baria bare gokora chinyangi echio chinkoro chi'ebitinge tibegeria bande bagendererie amang'ana ayuo. Eye nero yagerire nonya n'ebinto binde ebiya Omogusii abwate nabirobio biasirire kegima. Buna bono nonya n'omonwa bw'Ekegusii igo ore aang'e mono gosira.

Ebinge buna chiira amo nechinyangi chi'Omogusii nigo biarenge buya mono. Nigo biare kworokia omokungu gose omosacha buna orure ase ekegori ekemo gochia ekende, naende biarwa amasikani amanene mono aria abange bare kogania konyora. N'ebio nebinto biarenge ebiya. Korende ebinto nabo bikoba biagota naende ebinde biacha, buna Omogusii atebete, "makoro 'magoti na ande acha."

Oko nokworokia buna nonya n'Omogusii omonyene arenge korora buna ogoonchoreria goika kobe aroro. Chiira chionsi chi'enyangi y'ebitinge nigo chiarenge chi'engencho enene mono, naende nigo chiare kobwatigwa buya mono. Nase ekero ekio ayuo naro arenge ayancheire n'Omogusii.

Ase engecho y'ebinto bigoonchoka nabo 'ntagete 'ntebe buna tiga togende n'ogonchoreria ase obuya. Ngotebekana ere buna abariki abatang'ani nigo bare gotobeka ririonya egwino erinde barikera enuguta eyemo gose ibere, naende batobeka. Bono nigo tore ase engaki yechikombiuta. Titogoteba buna amagenderero ayuo abeire kagoika ase tore engaki ya bono.

Igo gotabeka ebitinge bono tindochi gose kende 'nkere kere bobe. Egento ekenene nogotwara amasikani ase enywomo y'omonto. Amatuko aya, ebinto biochoganire ase engencho enene, igo bono oyoratokonye n'Omonene oyuo twatameire buna ogotoreka. Togoitaba ogotoreka ase chinkoro chiato, rirorio oborwoti bwa Tata 'mbobe obwaito.

Chiira'chi'Enyangi ye'Ekanisa y'EgeKristo

- **Omokundekane na abachire koba kirori b'enyangi:** Onde naorokie engencho eragere aba iga babere tibabwatanigwa ase enyangi? Akwane bono, gose korwa bono akire kare na kare.

- **Omokundekane na abanyanyangi**: Nigo 'nkobaboria inwe mwensi, buna morache koiraneria ase rituko ri'ekina. Onye onde oino omanyete ekeragere timobwatanigwa ase enyangi, aorokie bono. Manya buna onde bwensi orabwatanigwe buna omoroberio bw'Omonene otari, enywomo yaye teri koreng'ana n'ogochika.

- **Omokundekane gochia ase omonywomi:** Nomoire omoiseke oyo abe omokungu oo bw'enyangi, nomenye n'ere koreng'ana n'ogochika ogochenu kwenywomo? Nomwanche, nomoremie, nomosike, nomorere ase chingaki chi'oborwaire n'ekero are buya? Notige abande bonsi, bwegache gochia ase are bweka buna koreng'ana ore moyo?
- **Okoiraneria:** Ee ninkore bo.
- **Omokundekane omoboria omoriakari:** Nomoire omosacha oyo abe omosacha oo bw'enyangi? nomenye nere koreng'ana n'ogochika ogochenu kw'enywomo? Nomwanche, nomoremie, nomosike, nomorere ase chingaki chioborwaire n'ekero are buya, notige abande bonsi, bwegache gochia ase are bweka buna koreng'ana orabe moyo?
- **Okoiraneria**: Ee ninkore bo.
- **Omokundekane oboria iga:** Ning'o okorwa omoiseke oyo anywomwe n'omosacha oyo? Ise gose omoteneneri oteba: ninche inkomorwa.
- **Omonywomi obwata omoriakari okoboko na koirora buna omokundekane agokwana:** Nigo 'nkorangeria abanto bonsi bare aiga babe birori ing'a inche (*amarieta aye onsi*) nakoirire aye (*amarieta aye y'omokungu*) koba omokungu one bw'enyangi. Ningotware korwa rero na kogenderera, ase obuya gose ase obobe, ase obonda gose ase obotaka, ase oborwaire gose ekero ere buya, ningwanche, ninkorere, goika amakweri oka atwatanane, korengana n'ogochika ogochenu kwa Nyasae. Eye nero eira yane y'obwanchani nakoriereire.
- **Omonywomwa (omoriakari) nere nairanerie**

buna omokundekane: Nigo 'nkorangeria abanto bonsi bare aiga babe birori ing'a inche (*amarieta aye onsi*) nakoirire aye (*amarieta aye onsi y'omosacha*) koba omosacha one bw'enyangi. Ningotware korwa rero na kogenderera, ase obuya gose ase obobe, ase obonda gose ase obotaka, ase oborwaire gose ekero ere buya, ningwache, na ninkorere, goika amakweri oka atwatanane koreng'ana n'ogochika ogochenu kwa Nyasae. Eye nero eira yane y'obwanchani nakoriereire.

Omokundekane obekerera okoboko kwaye ase amaboko y'abanyanyangi babwataine.

- **Omonywomi na abanyanyangi na birori bonsi:** Eki Nyasae abwatanirie, monto onde tagiatanana. Buna koreng'ana (*omosacha amarieta aye onsi*) na (*omokungu amarieta aye onsi*) banchanire ase enyangi enchenu, na barieranire chiira chi'obwanchani gochia ase kera oyomo, na borokirie bo ase okobwatana amaboko. Nigo 'nkoraria ase okobua kw'ering'ana ria Nyasae na ogochika gwense yaito ya Kenya, buna babeire omosacha n'omokungu. Ase erieta ria Tata n'Omwana n'Omoika Omochenu. Amina.

Pastor Richard Momanyi Nyakego
Executive Director
Seventh Day Adventist Church
Nyamira Conference.

Enyangi y'Ebitinge

Omochakano

Abagusii nigo banchete komanywa gose korokwa buna *Mwanyageting*e ase engencho abakungu babo bare gotimia, gose kobeka, ebitinge magoro. Abakungu nigo barenge gotimerigwa ebitinge na abasacha babo ekero abasacha abwo barobeirie na gokorerwa enyangi. Igo, omokungu otimetie ebitinge nigo arenge oria oakaneire chiombe naende omenyete n'omosacha oye. Onye orenge gotigana n'omosacha oye bw'enyangi erio achiere omosacha onde, nigo arenge korokwa ritinge. Igo tarenge kobarwa omokungu bw'omosacha oyo o kabere, goika ise oiraneirie omosacha oria omotang'ani chiombe chiria arwete konywoma omokungu oyo. Eeri y'egesicho nero yoka etarenge koiranigwa.

Omosacha oyo o kabere karure chiombe, oboko bwo'mosacha oria omotang'ani nigo bogokwa. Monto tancheire kobwata chiombe kabere chi'omosubati oyomo. Igo ise omokungu oyo gancheranire koira chiombe chi'omosacha okabere, goika airanerie omosacha oria omotang'ani echiaye. Gaikeranirie igo, oboko bw'omosacha oria omotang'ani nigo bogokwa. Omokungu oyo onye obwate abana, tare kobatiga magega. Nigo are kogenda na barabwo ase enka yaye enyia; abana abwo nigo bono bakoba b'omosacha oyo o kabereamo n'omokungu oyo.

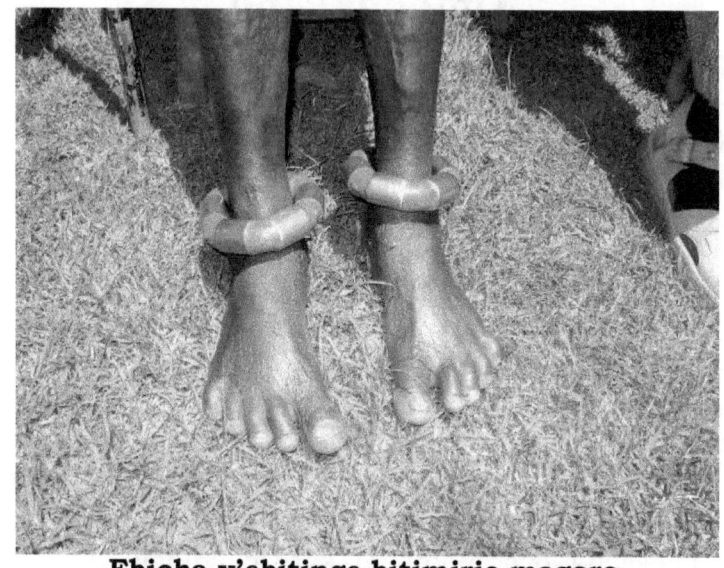

Ebicha y'ebitinge bitimirie magoro.
Egetinge kia'Gisore Okioma
(Ebicha eakire na Daniel M. Mokaya)

Omokungu nigo arenge gotimigwa ebitinge amagoro onsi. Ebitinge ebi nigo biarenge koba magoro engaki yonsi omosacha oye are moyo. Omogusii nigo are goteba buna *timia bitinge oganyore borogi*, buna timia ebitinge goika engaki y'amakweri.

Omosacha are koba buna okure, omokungu nigo arenge gokobania na kobutora ebitinge biarara embera (oboina) y'omosacha, rituko erimo gose amatuko abere. Amatuko ayuo kaerire, ebitinge ebio nigo biare korusigwa aroro biagachwa buya.

Omokungu aise gotanga gokwa, omosacha nigo arenge kobutora ebitinge bi'omokungu oyuo obituguta. 'Mokungu tarenge gotindekwa na bitinge magoro, neba no'omosacha gose n'omokungu otang'ana gokwa. Nigo biarenge gotugutwa ekero omokungu akure.

Abakungu bande ase chinsemo chinde chia Gusii nigo barenge koirania ebitinge magoro nonya orire omosacha (omosacha oye okure), gose kero kende batiga egetinge ekemo kworokia buna omosacha oye nakwete. Mono eye nigo yare koba ekero omokungu oyuo abwate abamura abanene bare n'abana babo.

Ebitinge nigo biarenge n'echintere isano n'emo ase abakungu abange. Korende ase omokungu orenge omonene omobere nigo arenge gotimia ebitinge bibwate chintere isano na ibere. Chintere nigo chiare goturwa na abaturi ebioma. Korende ekero chichuma chiamache chiachete chikaira ribaga riechintere chi'abaturi ebioma. Abagusii bagachaka konacha echuma eyemo obotambe n'obogare enusu einchi. Obogare obo nabwo bwarenge goichorigwa nechinkini erio egetinge giating'a 'kogoro.

Chinyangi chi'Omogusii Koreng'ana n'Enywomo

Omogusii nigo abwate chinyangi inye: koiborwa, gochia maguta motwe, konywoma/konywomwa na gokwa. Kera eyemo y'echinyangi echi nigo yabwate omoroberio oye.

Buna bono ase ogochia maguta motwe (kwaroka) nigo kwabwate amang'ana amanene y'ogomosemia baria barokire egere bamanye buna bakomenya obogima bwabo amo na abanto bande.

Buna bono abamura nigo bare gotererwa (ase esimbore) iga:

"*Oyoo, oyoo, 'nchwo momorore, obeire omomura. Aturerwe 'itimo na 'nguba 'mbibo, arwane Sigisi......*"

Amang'ana aya onsi ase esimboore nigo arenge koraga buna baria barokire babe abanto abanene/abagima, bakore amange baraganerigwe n'egesaku. Barende ensinyo, batange ababisa naende batware chinka chiabo bamentekane na koba egesaku ekenene gesikwe.

Abakoro nigo bare goteba buna "*ensinyo mana gokwanwa/kobengwa, nabamura etabwati*"; naede bakamenta goteba buna "*ekero esegi ere 'nyoko ogotebia, tebia mogisangio*'"

Ekero abaare baaramete nyomba na saiga, nigo barenge kwegerigwa amang'ana amange buna barache komenya, igoro y'emebere yabo, emete y'orosana yarenge n'obosongo gose amariogo na ayande amange. Chinyangi nigo chiare kwegeria abana bamanye buna baramenye egekogera babeire abanto abagima.

Ekero bare korwa nyomba, omwana omoiseke tarenge goitwa gose goakwa na ise. Naende tarenge korara nyomba 'nene ekero ise are aroro, amo na gotwara amasikani.

Enyangi y'Ebitinge

Gesarate na tureti nachio chiarenge chisukuru chinene ase Omogusii. Omwana omomura nigo arenge gokanigwa tasoa nyomba ime mwa ng'ina. Kero kende nigo yakageire buna nabo aranyore abaibori baikaransete bobe gose bakworokania obwanchani. Omwana omomura nigo arenge komenya saiga n'abamura bande, nyuma yaye ogenda gesarate ase akwegerigwa mono buna arabe omosacha bw'engencho ase eamate.

Abana abamura nigo barenge gokoonya abaise gose abasacha bande ase emeremo yarengete abasacha buna: okorisia chiombe, okorondora chimori, okorabia, okoagacha chinyomba, ogotwaara, korwana esegi, gotura ebioma na ayande amange.

Ense nigo yarenge engare, erio omorakeera ogocha basamba obonyansi getii. Obonyansi obo bogochaka gosoboka (endara) nigo bwarenge obuya ase okorisia etugo ekiagera abakoro bagateba *tiereria 'itimo 'mache chiombe chianarire 'ndara.* Chisegi nabo chiare koba ekero bare kobuna aase chiombe chikorisia.

Abana abaiseke nigo barenge gokonya abang'ina ase emeremo yonsi yarengete abakungu buna: okorera abana, gochia roche, gotenya chinko, kwaa chinyeni, koroisia risiko n'enyomba, kobusura obori, kwaga enchagwa, kogesa, koora, gosonga, kwera, goswaga, gosia, na koruga obokima obuya botari chintobe naende boyiete, botari kenia. Naende abana abaiseke 'nkwegerigwa barenge amasikani komenta buna barachie komenya buya n'abasacha babo ekero basokire/banywomirwe.

Abaiseke na abamura baria batamenyete na sokoro yabo, ng'inakoro gose abanto abang'aini, tibarenge komanya chingencho chi'Omogusii. Baria bamenyete egesomo nigo barenge gokina korende bare abariri ase ekerengo ki'Omogusii. Abakoro nabo bamanyete buna *'egesomo nigo kegokinia korende tikeri kong'ainiyia.'*

Igoro y'Enywomo

Ase okomenya kw'Omogusii oko gwensi, ensemo yarenge engiya naende y'omogoko neria y'enywomo. Nigo yarenge engaki omosacha akonacha ekina korigia omoiseke anywome gose omoiseke akogania asoke erio banyore abana erinde egesaku kiabo gekine, kegenderere naende gesikwe. Abakoro bagateba iga, *"'mwana reta 'mwencheri babuche ba ng'umbu 'mbasika sese batore 'banto mwanyabange toira 'kiara"*. Abamura bonsi ba Gusii nigo baganeirie banywome na abaiseke boigo basoke erio bagendererie egesaku kegaree.

Omomura onde bwensi orenge gokwa omogesi (otaranywoma) nigo arenge gotindekwa orutwa omwaro ase okworokia ogochaya n'okoragererigwa okonene korwa ase egesaku ki'Omogusii.

Omoiseke orenge gokwa atabwati 'mwana nigo arenge kobetwa amagwa ase chingongero erio omanya gotindekwa. Eye nigo yarenge kworokia buna oyo tarenge na 'ngecho 'ngiya ase Omogusii. Eyuo yagera otindekwa atari na amasikani gose esiko.

Engaki ya amakweri nero embe kegima. Oyokure tari korora bageni baye nonya nase ogotindekwa. Nigo yarenge engaki y'okobokia amagombo ase oyomo bwa abaamate bakure. Ekagera abakoro bagateba buna *'motienyi okwa oboka, monto akwa asira'*.

Kera Omogusii nabwate ase ensemo are gotindekwa ekero akure: omosacha nigo are gotindikwa bweri orarera okoboko okorio origereria bweri; omokungu nigo are gotindekwa keoreri orarera orobega rwa komosi/okobee.

Abande buna omoigwa, omoiseke otarasoka, nigo are gotindekwa isiko y'obweri. Oyore goitwa n'enkoba gose ase amache nigo arenge gotubwa amaticha aaria ase akwera ekero bakoreranire.

Ogochora Esigani y'Enywomo

Esigani Ning'o?

Abakoro nigo barenge gotoma esigani korigia omoiseke omuya bw'enywomo. Esigani nere ore gotuka onsi aria arengete omoiseke oyuo otakeire enywomo. Esigani nere ore koenekia igoro y'obuya bw'omoiseke oyuo, eamate y'omoiseke amo ne chimbua chiaye. Omoiseke omuya ase Omogusii nigo areng'anirie oyo otebire ase agetabu kie *Emerenganio 31:10-31:*

a. oyorabe n'amasikani ase omosacha oye amo n'eamate yaye;

b. oyotari nechindobo korende ore nechinkwana chingiya;

c. oyotari mworo, korende omokong'u mogondo n'ase emeremo y'anka yonsi;

d. omuya ase ekieni (esing'onde), omonene ase ebimo na, mono, obwate egekuba ekenene orabe na amabere amange abana baragonke;

e. oyotari 'mong'iti, otabwati ribero, otari n'obogenki, otabwati oboitani abanto naende sobo batari koigora 'gesieri kabere gose kweba 'roteru isiko;

f. otabwati bibiriria gose amaebi

g. otarwareti ndurume, ekega naende otaremareti.

Omosacha nigo arenge korigia omoiseke oraibore abamura amakangara (amaentenyi) gose amachuma, baratorie esegi. Nigo omoiseke oyuo atakeire abe oyoratenenie omochie oye nonya nekero omosacha oye ataiyo; omoiseke orabe omokungu okorenda enibo yaye amo n'abana baye buya.

Omoiseke oyuo omuya, omosiani gatokire, egekobwatia nekerorano. Ekerorano getaraba, omogaka ise omomura nabo arenge kogenda ase omochie o korera yaye. Okogenda oko nigo kwabwate ekerenga gi'okoenekia amang'ana aria y'esigani, buna omoiseke nomuya, ore oranywomwe naende naisaine orarwerwe chiombe. Abaiseke barenge ebirema, abarwarete, abagokwa endurume, abanyoreire abana nyomba gose chinkuuri, tibarenge goakanerwa ng'ombe nyinge. Abaiseke aba nigo barenge konywomwa n'abagaka babwate abakungu bande. Naende nabo bare konywomeranigwa (babe abakungu ba kabere nonya n'abagatato nonya n'abakane) gose banywomwa na abachorochombu (abamura batenyareti) gose banywomwa n'omokungu otabwati bamura. Gose nabo baranywomwe n'abasacha batabwati amasikani ase egesaku ki'Omogusii.

Emeremo y'Esigani

Esigani nigo arenge koba omosacha gose omokungu. Nigo arenge koba omonto bw'engencho mono ase oboko. Goika arenge koba otari goteba borimo gose goonchokaonchoka, korende ogoteba ekeene gioka. Tari *'okong'o nyamenwa ebere'* ekiagera abakoro bagateba buna *'mbuga bobe teri sigani, atamanya mbua mbe'*. Nonya n'ebuku 'ngoteba ere buna Aburahamu nigo atomete esigani korigeria Isaka, momura oye, omoiseke korwa ase enka engiya etari y'aare, na etari aang'e abwo ase amenyete (Omochakano 24:3-4).

Tiga tobwekanie n'enywomo ya Samson korwa bo Philisti. Samson nigo angete gotegerera amang'ana a abaibori na Nyasae oye, akanywoma Delila buna okogania kware bo Philisti, Abagambi 16:4. Omoerio oye, omokungu oyo Delila, nigo amorwete Samson

Esigano

agaitwa ase ogwatwa amaiso na gokwa ogokwa kw'obosoku.

Abamura ba Gusii batare gwancha gosiganerwa nabo bare kwenyora ase emechando. Nabo bare konyora buna banywomire abarogi gose abanyabiriiria, erio batwara obomenyo bw'emechando.

Komenta n'ayuo, esigani nere orenge komanya chiombe irenga chikorwegwa n'omonywomi, ebieni bi'echiombe chionsi chi'oboko, naende irenga chiatigara esira. Omonywomi nabo arenge koboria arikerwe singo erio ache goakana magega ekero airire omoiseke. Buna Omogusii atebete, '*siira ng'iri moiseke*'.

Abairi amo n'abasani nigo barenge korigia omoiseke korwa ase abanto batari boiri na barabwo, na abanto bare batasinyeti na boiri. Abakoro bagateba, '*mwana tochega mino Onyakoni neba nene.*' Omomura tarenge konywoma 'mosubati omwabo, omwana o ng'inamoke, ise moke, gose oyosinyete ng'inamoke gose mwana oye.

N'omoiseke, boigo, tarenge gosokera abanto b'enyomba eyemo nonya bare gotoka bakamenyete aare mono korwa sobo inka. Ase omogwekano, Abanyakoni abange nigo bare North Mugirango korende abande 'mbamenyete Nyaribari, Bogetutu na Bobasi. Aba tibari konywomerana.

Buna bono abande batarenge konywomerana nabwo aba: Abaruora na Abagirango maate, Abaigesa n'Ababasi, Abakione na Abamachoge, Abasamaro na Abachura, Abagecho na Abamabacho, Abanyamondo na Abambaba ba Bobasi, Abasereru korwa Bogetutu Chache na Abagichora korwa West Mugirango n'abande igo. Abagaka nigo barenge goitona mono oboiri erio abanto abamo tibanywomerana[1].

Omochie omoiseke gose omomura baganetie konywomana nigo orenge gotatwa mono, korora gose 'mbare n'oboiri bw'aang'e. Omoiseke gose omomura omonyene nabo nere arenge kounenkigwa mono kegima. Korende abamura 'ng'ake barenge gotukwa kobua abaiseke. Abaiseke nigo barenge gochorwa bachoreka koba abakungu. Mono *mobucha ibu* nigo arenge koba omokungu bw'engencho mono ase omochie, mwaye nao omosacha arenge gotindekwa. Mobucha ibu nere orenge gotoora Nyamisanchu, Nyabweri Rogoro, Nyabweri Maate na Nyageita chinkondo onye omosacha orenge konywoma abakungu bande korwa magega.

Abasacha ba Gusii nigo banchete omoiseke omonyakieni, esing'onde. Abakoro bagateba *'noba kieni togotebwa; n'esing'onde ekona gotebwa, n'omonyene eng'ombe n'amoroche'*.

---

1 Rora boigo egetabu, *A New Approach to Marriage* kiabo pastors J. A. Nyarangi, P. G. Kiage na E. O. Mouko (Koinonia Publications).

Ebitambokero bi'Enyangi y'Ebitinge

Enyangi y'ebitinge nigo yabwate ebitambokero ebinge. Kera ekemo nigo kiarenge goikeranigwa buna amachiko a Gusii arenge goteba. Enyangi y'ebitinge nigo yabwate ebitambokero ebi bikobwatia:

a. korigia na koria boko
b. ekerorano
c. okomana na gokoba chiombe
d. okonywoma
e. egechabero
f. egekwano
g. egeticha maino
h. egesabo
i. egetaorio/omwanania
j. echoorwa
k. gochora erieta[1] na gotimia ebitinge

---

1 Ekerengerio: igo yare buna omonywomi nigo akoa omoriakari erieta rigeni. Ase igo nabo kware konyora omokungu kabwate amarieta abere ekero actcire enywomo: erieta ria 'bwana n'erinde ri'enyangi. Abwo kare kare, amarieta y'enyangi nigo arenge Moraa, Kemunto, Kerubo na Kwamboka.

Korigia na Koria Oboko

Omomura gaisaneire konywoma, abaibori baye nigo barenge kobeka chiombe aang'e na gochaka korigia omoiseke anywome. Oko nakwo okorigia oboko.

N'omoiseke nere okoba aang'e korierwa boko, oganya asoke.

Onye omomura obwate abasubati bamwabo, chiombe chi'omoiseke omotangi nigo chiare echia ise. Ise nabo arenge konywomera omokungu onde gose ae omoiri onyomba ime achinywomere.

Chiombe chi'omoiseke o kabere kogenderera nachio abamura barenge konywomera, gochakera omomura omonene na kobwatia buna baiboretwe. Ekagera abakoro bagateba *'taanga kobeka motangi kioma ka abagati barorere'*. Naende bagateba buna *'motangi 'nkarera bana 'nkorerande nguru, reta mwencheri abe nguru ane'*.

Abaiseke tibarenge kweonia, gose kwerigeria abasacha, erio banywomwe, korende omomura nabo arenge komanyigwa igoro y'omoiseke omuya oranywomeke. Mbuya komanya buna oyotarenge na ng'ombe nigo arenge koira egeka koniba chiisane egere anywomere.

Ekerorano getaraika, omoiseke nigo arenge gochikwa, goetera ase esigani, eariganie konyora abageni. Erio bwekorerania, otebia n'abagisangio baye bache komororera omomura oyuo otagete komonywoma.

Omomura nere origia abagisangio baye bane goika batano n'omo erio beeboyia buya kogenda sobo omoiseke. Nabo yare koba buna okororana oko nario rituko ritang'ani koumerana ase aba babere: omomura n'omoiseke baganetie konywomana.

Enyangi y'Ebitinge

Engaki enkooro Abasongo bataracha aiga Gusii, abanto baito nigo barenge n'okweboyia ogoke. Omosacha nigo arenge kobeka egesena goika amariagati oka korwa bosio. Omoiseke nigo arenge gotuba bosio na nyuma n'omobere onde otigara bosa ore n'echirumba, amachere n'echinsonoi ase ekenama n'amareko. Igo egekuba nabo kiarenge gotigara geteneine (egechaki) gekworokia obosera bw'oboke. Eke nakio kiagerete abakoro bagateba iga *'buya bwa ng'ondi 'nsigiti etaratwata'*.

Ekerorano

Ekerorano getaraba, nigo abaibori b'omomura barenge gotoma chiroti bobisi, erio barore omoiseke oyo buna are. Eke gekagera bagateba, *'Nyansarora okuma Bonyando, 'ng'ai 'nkorusia Nyakiore amotimie 'getinge gose boiko bware gocha aang'e'*.

Emeremo y'echiroti nokounenkia komanya amange igoro y'omoiseke oyo. Erio chiroti chiarora buna omoiseke oyuo akorema mogondo, riteng'o inaki akobwata ring'ana? Nigo agoaka kubu kubu, gose nigo agoaka rimo obwata amakere? Ekero agochia roche, n'enyongo eng'ana inaki agochiera? Getwekire amache aya, nigo akona gotora? Gose nigo akobucha korwa roche ogenda ywaya goika nyomba? Aiga n'okorora buna omoiseke oyo nare n'echinguru ching'ana inaki.

Komenta n'ayuo, barota ayande buna 'nkorigia are abasacha? Gose, onakobasa? Aiga nigo bare kobwatia gose nare omwegenwa gose omwekungi.

Abaiseke buna aba barenge gotoka nabwo baganeirie mono gosiganwa na gosoka bwango. Onye omoiseke orenge omobe, otabwati chimbwa chingiya, nigo are kogotera nyomba, ekagera abakoro bagateba buna: *'moiseke 'mobe 'monto o aare aganyete.*

Engaki y'ekerorano, abamura kobaika isiko bweri sobo omoiseke nigo barenge gotenena bagenigwe na abaiseke aba b'enka eye. Omoiseke omonyene amo n'abagisangio baye barenga abamura aba. Bakorora omonywoni n'omuya ogwenerete, basoka isiko goikana aang'e. Omoiseke ogwancha omomura obaarigania gosoa nyomba baikaransa riiyo eero rogoro. Erio kegima obosie bw'obori bwasegwa n'orogena. Erongori yarosigwa, yakendigwa. Omoiseke omonyene oyebeka egesanda oyerenta eero ase abageni baye. Ase okworokia ogwancha omomura oyo pi, otugama ase amaru, omosibia erongori erio abagisangio bonsi barigereretie na koba kirori ekero bagosiibania erongori. Ekero akorire komosiibia, omoa erongori n'egesanda erio basanga na abamura bagisangio baye.

Ekerorano

Korende onye omoiseke okwanga omomura oyo ocha koria boko, nigo arenge kobaseria korwa isiko riabo erio oabusa ase abamura aba bateneine obucha eubi otuguta. Mokorora igo, manya buna omoiseke obaangire kegima.

Kero kende abamura nigo barenge kweyaka ekebunga-baiseke naende babogoria ebimwa erio egere baanchwe ekero bakogenda koria boko.

Omomura nere nabo are kwanga omoiseke. Omomura nabo arange omoiseke oyuo onye omoiseke ore omoke moono ase ebimo, orire endurume, n'ayande. Nigo omomura arenge gwancha egechaki, egukuba geteneine naende mono abe omorabu, n'oyobwate enyenya.

Korende onye omoiseke ogwancha omomura oyo ocha koria oboko, igo amang'ana aye, ere buna omoiseke, are koerera aiga. Bono otigera omomura na ise barwe chiombe. korwa abwo, omomura ogenda sobo koroberia ebitambokero binde bi'enyangi.

Emeroberio y'enyangi nigo yarenge koba iga: chiombe chiabekwa aang'e. korwa abwo, amarwa ainekwa, asiikwa abekwa egetera ayia, akarangwa, chinkara chiomigwa, ememera yainekwa yamera erio yoma na gosegwa. Erio amarwa engwa ayia erio omoroberio onde obwatia. Amarwa atarayia nagoikerana, 'meroberio ende tiyarenge kogenderera.

Emeremo y'okoroisia amarwa n'echindagera nigo yarenge koira engaki etari inke ekagera abakoro bagateba *'binto mbiang'ora 'nsagasaga bikwanga'*. Naende Abagusii, mono abagaka tibarenge koayereria enyangi. Ase ayuo, enyangi nigo yarenge koremererigwa mono mono. Okoayerera nabo kwarenge gosaria enyangi, igo abagaka tibarenge kogania ayuo akoreke.

Enyangi y'Ebitinge

Okomana na Gokooba Chiombe

Okomana na Gokooba Chiombe

Ekero gi'okomana chiombe, abako nigo barenge goika omochie sobo omomura omonywomi aang'e chinsa kianda gose ikomi chia mogoroba. Ogochora chiombe erio bamanye korwa omoiseke oko nakwo okomana chiombe.

Abagaka aba nigo barenge koba gati ya batano n'omo goika ikomi. Chikorera n'abako boka nabwo barenge kogenda komana chiombe. Ekero baikire omochie, abako nigo barenge kworokigwa chiombe chiria bakoegwa bachirora buna chire. Nabo chirabe chimori, emebiara, amatororo, amakongo gose chindwaire.

Omobaro bwe chiombe nigo orenge kobwatia chingaki n'ebiro.

Omosando orenge koba aroro, nigo orenge goita etugo. Ase igo, chiombe chiare komanwa engaki buna eye nigo chiarenge koba omobaro omoke mono. Omogwekano: ng'ina Kemuma Nyaingo moka Ndigiti, mosubati o Nyabiatire korwa Bobasi, nigo anywometwe n'omogaka Ong'ayo Onuko oyoakanete eng'ombe eyemo. Nonya engaki ende ingotebekana ere buna abanto bande ase Gusii nigo basogetie abaiseke babo ase okoegwa esike ya bweri yoka. Esike eye nigo yarenge y'engencho enene ase okoomera chinyomba chinteeru, ching'ambo na kwamia chinsaga.

Chiombe gose etugo yarenge goakanerwa omoiseke tiyarenge buna rigori oragore embori ebe yao, buna omoriki Chinua Achebe agoteba sobo barenge gokora ase egetabu kiaye, *The Arrow of God*. Korende nigo orenge omoroberio bw'Omogusii gokong'ia oboiri ase amatuko amange.

Ekero enibo yarenge, Abagusii nigo barenge goakana chiombe chinyinge ase enywomo. Abasacha abange abakoro ba Gusii nabo baraenekie buna nigo barwete enibo enene ase okonywoma. Buna omong'ina baba omonyibori, Mokeira mosubati bw'Omote korwa Bonyakoni, Isinta North Mugirango, nigo aakaneretwe chiombe chinene ikomi na isano na ibere, emebiara emenge n'echimbori. Ase engaki eyuo yaye y'omwaka 1949, eyuo n'enibo yarenge enene mono.

Ase obweng'e, chinsemo chinyinge Gusii tichiarenge na 'kerengo 'kemo ase okorua chiombe ase oboko. Korende ase omwaka 1950 omogambi Nyagosira Senior Chief Zachariah Angwenyi, omanyekanete mono buna Kirera bw'Ooga, nigo anachete (akuumete) 'chiombe isano nemo n'eeri y'egesicho' ase oboko bonde bwonsi ase ensemo ya Bogetutu. Goetera ase okonacha oko, nigo egotebekana buna abanto abange nario banywomete, na abaiseke abange bagosooka korwa Bogetutu. Ekagera Nyagosira Omwenga Tariki agatera iga:

Rigena ndire Manga, Kirera agoikaransa omanya gochikuuma, abamura 'nywoma bwango...

Enywomo nigo yarenge enkong'u onye basubati tibarenge nyomba barenge gosoka abamura banywomere. Ekagera Nyagosira Tom Nyamora agatera:

Seito 'nka, tata omonyibori 'nche bweka abwate, tari nonde, gokumia okonene omoyo one ime 'ntaranywoma. Manga 'menyete n'egita kiane, korigia enibo teraisana...

*****

Ekero ki'engaki y'okomana chiombe, abanyene omoiseke baikire omochie, egento egetang'ani kiare koba nigo bare koorokigwa chiombe chiria bakoegwa. Bagwancherana na abanyene omomura, bagenda nyomba koragera goika enkio (rituko tikobwatia).

Aiga nyomba, abako nigo barenge goikaransa eero rogoro na abanyene omochie baikaransa eero maate gati ya egesieri kia bweri amo na mosiereko.

Abageni nigo barenge koragerigwa buya, baria obokima bw'obori, enyama, amabere n'echinsaga. Komenta n'ayuo, banywa amarwa y'enyongo amange aria ayiete buya.

Amarwa y'enyongo nigo arenge komentwa amache a morero. Omotao noro orenge gotaoria amache korwa riiko gochia egetono erinde omong'ina obegete ebitinge oyareta eero goetera egesieri kia mosiereko. Erio otugama bosio bw'enyongo y'amarwa erio obeka amache ng'orang'ora goika omomera ororekana.

Amarwa y'enyongo nigo arenge konywegwa n'echinkore; make ataagwa anywegwa n'ekemunu.

Ekemunu

(Ebicha eakire na Daniel M. Mokaya)

Kero kende abagaka batarachaka konywa amarwa, nigo barenge koganya abekwa amache orokia omomera erio abagaka b'echisemi barora amarwa ayuo buna are. Ebare kounenkia gose nigo arabatindie, embura nabo eratwe bagendererete konywa gose nabo ararete eriomana rikoorere esegi.

Aya onsi nigo akageire kororekana igoro y'enyongo y'amarwa ere egetukora eero. Omogaka omogotu omokoro ase bonsi nigo arenge kobeka orokore enyongo ime, ong'usa amarwa, omera. Gakoorire igo, oereria omogaka onde omobererete aang'e ase emiaka. Baria abake ase emiaka, gose babwate omokungu oyomo, nigo barenge konyora chinkore magega ekero abekegori ekenene banyorire.

Amarwa nigo arenge konywegwa n'abagaka bonsi, otatiga onde ore koba tari konywa ase ogwancha. Abakungu nigo barenge koganerigwa banywe amarwa make matenena erio bagende korenda abana n'omochie gose tibatinda basambe abana.

Ekero abagaka baigotire, botuko aang'e chinsa isano, basaba obokano. Omobugia obokano oria egiata rirorio bono omanya gosarora amasaria obokano na gotera buya. Ababugia obokano nigo barenge gotogia abanto aoao naende bateba buna omonyene nyomba are omuya naende abarageirie buya korende....chiombe nachio chiare konywomerwa erio emechie yakina. Aya naro agerete omobugia obokano okorokwa Omoyo, korwa Ekenani, Mongoni orenge gwetogia ase erieta ria 'Nyasaland' agatera:

> *Eng'ombe nyakebage nero yarenta baba*
> *Baba omonyibori*
> *Baba ondereire kwaa na magega a boronge*
> *Baba okomanya ka nomire...*

Emeino yagaterirwe n'emenge; rora ensemo *Emeino Yachiete Nkuma Engaki ya Kare*. Ababugia obokano nabo barenge kogokia abanto ase emeino eye. Rora amarieta a baria bachiete nkuma Gusii ase ensemo *Abagugia Obokano Bakumete Gusii*.

Abang'ina Bagoita Amareko

(Ebicha eakire na Joshua Araka)

Abagaka kobarosire n'obokano, nigo barenge gotera emeino yarenge y'ogosemia n'okoenora. Tari banto bonsi barenge n'ebiegwa bi'ogoteria emeino gose gotera buya. Korende abamanyete goteria nigo barenge kogokerwa mono. Manya iga abakoro bagateba buna *gokonacha omoragia onyore kwarengereirie.*

Amatera y'obokano n'emeino ekero arenge goterwa, abanto bonsi, abasacha na abakungu, nigo barenge gotenga buya kerage. Nigo barenge goita amareko, bagwekumba, baaka chinkobi, bataaria amagoro bosio na nyuma naende bagoitaberia, bakobwatia obokano buna bokobuga. Aiga nao omonto kware komanyera abanto barenge chitwoni ase ogotenga, okobugia obokano amo na goitaberia emeino.

Bogokia mambia, abageni aba abako bachete komana chiombe, n'echikorera baroserigwa endagera

Enyangi y'Ebitinge

baria baaka buya erio bakobwa n'abanyene egeka getari geke.

Bataragenda, abako na abanyene omomura, baigwana rituko chiombe chigokoobwa gochia sobo omoiseke gose bachitema erio kegima. Chiombe nigo chiarenge gotemwa chire n'echimbori inye. Chimbori ibere chi'obokima; ne'chinde ibere, eyemo y'omosubati n'eyende ya ng'ina koro.

Onye chigokobwa na abamura korwa ensemo y'omonywomi batema chiombe amo n'echimbori gochia oboko bwabo. .... Abamura aba bagokooba chiombe chi'oboko nigo barenge gotwerwa rito ri'omosabakwa bagotemera chiombe. Abagaka nabwo barenge gotwa rito, baa abamura, bamanya gosesenigwa na gochaka gotema chiombe echio. Rito ri'omosabakwa nigo riarenge koraga obotobu, omosararo, obwororo amo n'omorembe.

Ng'ombe ende yarenge koba entindi nabo yarenge koagigwa engori ase okoyekanya. Korende engori eye tiyare gotigara aaria oboko, sobo omoiseke, egekogera *'ngori tiyanya gosirera 'boko.*

Abamura ekero barenge gokooba chiombe nigo barenge koba n'esigani. Esigani nero yarenge korora buna chiombe chiria chiamanetwe nachio chioka chiatemwa gochia oboko. Esigani nigo yarenge koba kirori ase amang'ana echiombe n'echinkwana.

Abako barenge gokoba chiombe kobaikire sobo omoiseke, nigo bare kogenigwa bosera, baegwa endagera enyinge na amarwa. Tibare koba na bigambo gose kende gionsi ase omochie oyuo. Kabagenigwe, bakoora koria endagera na konywa amarwa, bairana sobo koroberia buna bagocha koira omoiseke oyo orwereirwe chiombe.

Omosacha n'omokungu baise koba buna ngotigana bare, chiombe nigo chiarenge koiranigwa goetera ase esigani. Esigani nere okoirera omomura oria nyaboko bwakure chiombe echio.

Nigo yarenge omogiro kobeka amaicho abere bweri ase omoiseke oyomo. Omoiseke atame korwa bwoye erio omosacha omoao amoire, aakane chiombe, ise omoiseke taganeire gochiira bweri bwaye asang'anie na chiria chintang'ani chire aroro. Onye chiombe chiakaneirwe ekegambero, nigo chiare gotemwa kegima goika bw'esigani erio chiranerigwe omonyene.

Kende kiare koba gose omokungu akwe, nigo arenge gotindekwa bw'omosacha oria orwete chiombe. Omosacha oyo nabo arenge koira abana baria nyagosira atigire. Omosacha oria orwete chiombe (neba noria o kaberekoira omosubati otamire korwa bwoye) nere ore koba omonyene abana b'omokungu oyo.

Okonywoma/ Okwoyia Omoiseke

Omonywomi gaakanire chiombe nigo arenge n'obosibore bw'okwoyia omoiseke atabwati getango kende gionsi. Abagisangio b'omomura oyo goika batano nomo bamanyete omoiseke, nigo barenge kweariganía gochia kwoyia omoiseke oyuo; ekiagera karwereirwe chiombe oyuo nomokungu obo.

Abaiseke abange kobarwereirwe chiombe nigo barenge kwebisa ase abairi babo, yagera abamura baira egeka kobanyora. Abaiseke nigo barenge goteba tibari iyo (riyo) abamura abwo bakwanora igo. Bamenta buna abamura tiga bakore emeremo, barigamore bataramonyora omokungu obo. Naigo tibaaganetie bakagerwe koba echebechebe gose abango ase okoba n'omosacha obo. Nigo barenge korenda obwekungi na komanyigwa na koegerigwa amange igoro y'obomenyo bw'enka, n'okogania kw'enyangi yabo. Engaki eye nero abana, gose abaiseke bande, barenge kogania koegwa nonya nkende (buna ebesa) batebie abamura ase omoiseke akebisete. Naende abamura nabo barenge goeta amairi y'omoiseke kona korora gose nao are.

Engaki eye y'okwebisa, omoiseke nabo are koba n'omosacha oye, komenya n'amasikani na ng'inabiara, ise biara, bamura bamwabo omomura, chikamati amo n'eamate y'enka eye enyia.

Abamura bakorigia na konyora omoiseke oyuo, nigo barenge komoira buna bamonyora, ase baramonyore. Nabo arenge koba ogochia roche, kogenda etinga, okorema gose ore echiro. Abamura aba nigo barenge komokemba, bamobeka mareko bamoira igo. Engaki enkoro, ekero chianga chitarenge nyinge, nabo omoiseke arenge goika oba chene. Goetera ase okwemina, korera na kwanga koirwa chianga/

Enyangi y'Ebitinge

chingobo, nabo chiarenge kogwa. Korende abamura tibarenge gokwa moyo gose gokumia ase amakorwa y'omoiseke oyo. Ekerenga kiabo ase engaki eyuo nigo kiarenge okoira omokungu obo inka, abe na yanga gose abe gechobore. Nonya orenge gokura, banto bande tibarenge komokonya onye bakomanyigwa buna n'omokungu obo bakoira.

Omomura omonywomi nigo arenge koganyera inka, gose kero kende oba n'abamura aba bakorigia omoiseke oyo. Abamura bagokoora emeremo y'okorenta omoiseke 'nka nigo barenge konyenyerwa etwoni, gose abande baegwa egoree banyenye barie.

Omoiseke ogoikigwa bwoye, nigo arenge koirwa saiga mw'omomura omonywomi. Aiga saiga banyora abamura bande amo n'omobugia obokano babaganyete.

Abaiseke n'abamura ba kare nigo barenge abekungi, ase igo nabo yarenge obwoba n'obokong'u koba amo ase okogania kw'enyangi/kw'enywomo bwango igo. Nabo yarenge koira egeka. Abamura abagisangio nigo barenge koenekia buna aba babere, mono omomura, gose imbuya bare baragendererie egesaku kiabo ase okonyora abana.

Kero kende, abaiseke 'mbegerete engencho y'ogotega, eyuo yarenge koa omomura obokong'u bwo'koba na mokaye ase okogania kw'enyangi/kw'enywomo. Ogotega nigo kwarenge chinchera ao ao: omoiseke nabo arenge kobeka entamame rimumu inse yoromeme rwaye, obeka e'pini gose echuma monwa, oberereka omosabakwa gose okorekania amagoro egere omosacha tamoikera kenywomo.

Aya onsi kagendererete abamura aba, abagisangio, nabo barenge koba aaria enyomba y'okorara baganyete omogisangio oyo omwabo 'areme kwaye'. Egosinya, bono abamura nabo barenge kweebereria omoiseke goika ekerengo arenge gwancha koba n'omosacha oye ase okogania kw'enyangi/kw'enywomo.

Ekero barenge goikera koigwana na gosanga amo, omosacha n'omokungu, abamura aiga saiga nigo barenge kobugia obokano na gwochogania chinkwana na amariogi gotiotereria omogisangio 'areme kwaye buya'.

Erio emeremo koyakorekire, banyenya engoko baragera erio bagenda chinsobo, batiga abanyene bagosanga chindagera buna ekageire ase okogania kwenyangi.

Agoeta amatuko make, nabo kwarenge konyora buna abanto aba (omosacha oyo na mokaye omogeni) bachakire korabana.

Yarenge koba buna omomura omonywomi igo are riteba otanyare goikerania okagania buna omosacha, omoiseke oyo nigo arenge korigia enchera atame gochia sobo erio oboko bokwe. Eke nigo kiarenge koba egesio ekebe mono ase omoiseke, omonywomi amo ne'mechie yabo ebere. Nigo arenge koba, ebigambo ebinene gati y'omoiseke na abanyene omomura; ebigambo ebi nabo biare gokorwa barore engencho y'ogokonya oboko tibokwa. Kero kende ebigambo nabo biare goikera buna omoiseke oyo omogeni atwarwe na momura onde omwabo omonywomi kogendereria egesaku ki'omonywomi na gotanga enibo yabo tesira. Yare kobaa igo, omokungu oyo nigo arenge gotigara korokwa omorugi bw'oria ochiete komoriera oboko. Nonya n'abana baranyorwe nabaye boigo. Na tarenge korokwa omorugi bw'omomura oria bamenyete komo ase okogendereria egesaku kiaye.

Engaki y'okobuutia omoriakari, ng'ina o momura gose basubati bamwabo nigo barenge koroisia erongori enyinge n'echindagera chingiya amatuko aya onsi erio bairera abanyanyangi aaria saiga ase bamenyete.

Momura tarenge kogenda segi gose gokora 'meremo ende mekongu engaki eye. Ere, amo n'omoriakari oye, nigo barenge gotimoka buya na komanyana mono, kenywomo. Matuko make igo gaetire, omoriakari ochaka komanya omochie na abanto ba aroro, omanya orooche ase rore, nerio chikamati chiaye chiamomanyia abanto bande b'enka.

Obokima bw'Obori n'Enyama
(Ebicha eakire na Daniel M. Mokaya)

Nigo yarenge engencho y'Omogusii enka sobo omoiseke koira obokima gochia ase omoiseke asokire. Obokima obo nigo bwarenge koba obw'obori.

Amatuko akoera atato, gose make igo okobuutia gwaisire koera, obokima obotang'ani bwaretwa korwa sobo omoiseke. Obokima obotang'ani nigo bwarenge bw'orosoni.

Obokima bw'obogeni nigo bwarenge koirwa n'enyama y'embori eria yaretetwe ekero gi'okomana chiombe. Amatuko amakoro mono, a magega, obokima nabo bwarenge koirerwa amabere, chinsaga gose ching'ende.

Obokima obo nigo bware korosigwa n'echinchera chinseera. Buna bono, obokima bw'obori n'obokongu koruga. Omonto nigo arenge korigigwa omanyete koboruga buya, bwaigwana, bwakong'a botari na 'ntobe. Engaki ya rero, obokima bw'obogeni nigo bokomentwa amaguta Elianto nario botari kobwata esuguria y'okoruga gose kobwata koboko gokoboria. Ekero bwayire, nigo bwarenge koiyorwa bwabekwa ekee gesiareire obosie boke ime erio obokima tibobwaterera ekee.

Ekero abako baikirie obokima sobo omonywomi, nigo bare gotorwa n'echikamati, abasubati bamwabo omonywomi nonde batasikaini

Omomura omonyene enyangi (omonywomi) tarenge koria obokima obo obotang'ani. Ebware koriegwa n'echikorera (ise na ng'ina omomura) n'abagisangio babo. Omonywomi oyo nigo arenge koganya obokima bwaye ekero abakoyoye bairire amang'ana y'ogoikerania okogania kw'enyangi.

Korende nekeene abakoro batebete buna *'makoro 'magoti naande achicha.* Amatuko a rero iga obokima nigo bokoirwa n'echisota, n'echibesa, gose ekeegwa buna baraigwane n'abako babo.

Mono obokima nigo bwarenge bw'echingencho isato:

- **Obokima obotang'ani:** obo n'obwechikorera n'abagisangio babo. Obo n'obwakeroti (keroti 'mang'ana) komanya buna omoriakari agendererete; 'mbuya bare n'omonywomi? Inaki aroche omochie oyuo? Naande ande onsi omoriakari aratebie abanto babo igoro y'enywomo eyuo. Baise koira amang'ana goteba buna enywomo eyuo teri buya, nabo oboko borasareke gose boirwe ebigambo.
- **Obokima bwa kabere:** obo nabwo bw'omonywomi; igo bware koreterwa

omonywomi n'abagisangio baye ekero amang'ana aikire boko bwaye buna enywomo yabo 'mbuya ere.

- **Obokima bwa gatato** ebware korokwa o bw'echingi', bwarenge koirwa na ng'ina omoiseke ekero omoiseke oye anyorire omwana omochokoro. Obo bwa gatato nigo bwarenge gokoobwa n'amarwa.

*****

Obokima bwobori nigo bwarenge kobogorigwa n'ekee risai. Eke nigo kiare koroserigwa chimboba chiobori, emeri yo'motabararia, orosore ase omogo, risankwa ase enkori risoneire n'engori enyerere.

Abarenge gokooba obokima tibarenge koria obokima obo kobaikire aaria oboko korende nigo barenge koroiserigwa chindagera chinde na korugerwa obokima oboao.

Engaki y'ogokoba obokima obotang'ani, abako kobare o mosubati omwabo, nigo barenge kogenda saiga mwabo obatebia gose omosacha oyo naisaine korokwa omosacha gose nare omosacha bori. Onye taisaini, omoiseke obatebia buna nigo bakorara borere buna 'moiseke onde. Amang'ana arenge koba y'omogooko ase emechie eye naria ekero egotebekana buna ng'ombe tichiri koirana, egekogera abana aba bachakire komenya buya buna ekageire.

Aba bairete obokima bakoirania amang'ana amaya, abanto bamwabo omoriakari bamanyigwa erio obokima bwa kabere bwarugwa, erio omonywomi oirerwa. Obokima bwa kabere nabwo omonywomi arenge koria n'abagisangio baye. Kobakorire koragera, ekee keria kiaretete obokima nigo kiarenge kobekwa obori bwairanera ng'ina omokungu.

Obokima bwa kabere kobwachire, omosacha n'omokungu oyo nabo barenge komenya buya, nonya

Ekee Risai
(Ebicha eakire na Daniel M. Mokaya)

omokungu tari na 'bitinge magoro goika ekero bare kogania gokora enyangi y'ebitinge. Enyangi eyuo nabo yarenge gotebana, yacha gokorwa nonya n'ekero omokungu abwate abamura banywomete bare na abana gose bande tibagokora enyangi eyuo.

Onye omosacha n'omokungu barenge kogania enyangi y'ebitinge, omokungu nigo arenge koirana gochia sobo egechabero. Korwa engaki y'egechabero goika echorwa eere, aba babere tibarenge koba amo ase okogania kw'enyangi (koba amo kemobere).

Omoiseke gasokire anyorire abamura (abaigwa) nigo oyomo omonene arenge kogenda bong'inakoro n'embori, oegwa eng'ombe y'omosuto. Omomura oyo omotang'ani oyerenda yakina. Gekonyora emori, nere oa omomura okomobwatia. Yaba boigo goika omokogoti oyenyora omoerio.

Egechabero

Egechabero nigo yarenge omochakano bw'okoroberia enyangi y'ebitinge. Omoiseke oyo oganetie enyangi eye nigo arenge kogenda sobo erio emeroberio y'enyangi yachaka. Ekero aikire sobo, nigo arenge koegwa amasikani amanene na gochaberwa buya mono.

Onye ng'ombe chiatigarete nigo chiarenge goakanwa enyangi yamanya koba. Amatuko amake akoera, egekwano giachikwa. Abaiseke ase chinsemo chinde chia Gusii nabo barenge kogenda gotaara bong'inakoro. Aiga n'okobamanyia abangi'narome buna ngokora are enyangi. Emechie ende nabo omoigwa buna oyo are kogookerwa mono na goiterwa nonya n'eeri.

Egekwano

Ekero enyangi y'ebitinge yaganerigwe, esigani nigo yarenge komanyia ise omoiseke gose abanto b'omochie obo. Abagaka nigo barenge kwearigania gochia kogamba igoro y'echiombe aaria ase omoiseke obo asogete. Endagera nigo yare koroisigwa, amarwa naro engwa. Ka amarwa aiire, rituko riachikwa erio abagaka boka b'emechie eye ebere, sobo omomura omonywomi n'omoiseke, baumerana ase okogamba gose gokwana igoro y'echiombe. Momura omonywomi n'omoiseke, gose abakungu, tibarenge gwesoia ase egekwano.

Ase egekwano, esigani amo n'abanto bande barengeo rituko ri'okomana chiombe nigo barenge koinyorania ebigambo n'okoigwana kwabete rituko ri'okomana chiombe. Naende bamanya chiombe chiatigarete esira na ng'ombe chinde chirabe chiakure gesa chiaakanetwe korwa riiria okomana kwabete.

Ekero eng'ombe y'oboko yarenge gokwa oborwaire, nigo yarenge korusigwa risankwa riomigwa erio riaegwa esigani. Esigani nero yaira riiyo erio omochie bw'oboko, ase omomura omonywomi.

Engaki y'egekwano, abagaka nigo barenge goitona chiombe chire moyo aaria sobo omoiseke na chiria chiakure, bamenta ne'chinde chiria chiesira. Erio omonywomi osabwa chiombe echio arwe rimo erio akorerwe enyangi. Mono abanywomi tibarenge kwanga goakana, engencho yaye Abagusii 'mbaragete buna *monyene moiseke tana kobugwa* gose *'nyamuya tegosareria oboko*.

Aiga gati y'emeroberio eye nigo erabwatie inaki omonywomi areaongoyie gokorerwa enyangi. Onye omonywomi okoborwa chiombe, nabo arenge kobekerwa na abaamate erio ocha kobairaneria magega. Chiombe chikomobora pi, nabo arenge konachwa. Engencho yaye monto onde nabo are korwa ensemo oakana chiombe ekerengo keria ise omoiseke aganetie erio oegwa omoiseke omonywoma. Omosacha oria chiombe chiabora, oiranerigwa omobaro bw'echiombe chiaye; igo ourwa omokungu; oboko bwakwa. Korende omonywomi kagoakana chiombe chiria egekwano giaetirie, rirorio egesabo amo n'egetaorio/omwanania biabwatia kegima.

Enyangi y'Ebitinge

Egetichamaino/Okogenia Abako

Eye n'ensemo eyemo y'enyangi ekero abaiseke n'omoriakari barenge kogenda sobo omomura enyangi etaraba. Kobaikire, nigo bare koragerigwa buya kobwatekana n'obonda bwa sobo omomura. Nabo bare konyenyerwa embori gose eeri. Bogokia mambia baegwa riyo, ebinama bionsi erio bagenda sobo. Bagoika sobo baorokia eki banyenyeretwe, kworokia buna obogeni bware. Korwa agwo amarwa engwa.

Egesabo

Engaki y'egesabo nigo yarenge y'okonywa na koragera na komanyana ase emechie eye ebere y'enyangi: omochie o sobo omoiseke n'omochie bw'omonywomi. Engaki eye kayaikire, omonywomi nigo arenge kogenda boko bwaye amo n'abagisangio baye, mosubati omwabo, na mokamomura omwabo. Ekerenga nigo kiare okomanya omochie omoriakari akorwa. Engaki eye nero yarenge y'okoroberia ayande igoro y'enyangi ase emechie eye ebere. Chinsemo chinde Gusii, n'abamura abagisangio b'omonywomi boka barenge kogenda batiga oyo omonywomi okobeka aang'e ebinto bi'enyangi. Nigo bare kogenda amo na mosubati omwabo omonywomi ogochia koreta ekenama n'embori.

Abamura aba bare kogenda egesabo nigo bare gosiererigwa gose gochecherigwa n'eamate buna yare engencho y'abange.

Abamura aba nigo barenge goika sobo omoiseke mogoroba aang'e chinsa ikomi; erio basoka getii korengana chinguru ase enyameni kworokia abako buna 'mbaisaine kobanywomera. Abagaka, abang'ina n'abanto batengera buna abamura bakorwana enyameni.

Enyameni
(Ebicha eakire na Joshua Araka)

Egetaorio/Omwanania

Erieta egetaorio nigo riamanyekanete bo ase Bogetutu, Nyaribari n'echinsemo chinde chia Gusii. Chinsemo chinde nigo bare koyeroka omwanania.

Ekero ki'egetaorio gose omwananania, eeri nigo yarenge gotemwa korwa sobo omomura omonywomi gochia boko bwaye. Engaki eye y'egetaorio nigo omonywomi arenge kogenda n'abamura abakong'u ase enyameni enyene.

Abarenge abamura ebiata ase chinyameni abande nabwo Ongeri Nyambune (Charani Sombogo) korwa Ebate Mong'oni, East Kitutu Location; na Obare Ombiro na Arisi Osebe ase North na West Mugirango engima. Aba nigo barenge goteba bamura tibarenge aroro baisaine enyameni. Ase chinyameni chichiete 'nkuma 'nchiria Abere Ombiro aitete abanto batato bagakwa, omogere oyomo n'abande aitete aaria Marani Bogetutu.

Omomura omorwani chinyameni egiata korwa ensemo eyemo nigo arenge gwesokia getii. Gesokirie, oteba "okwane n'oko", bworokia okoboko kwaye okorio gose okobee. Oeta gati y'orwaki n'oboruyu kegima aganyete omomura bw'ensemo ende esokie. Omomura bw'ensemo eria ende kagwesokia, oetanana oria onde erinde bono babwatana kegima eka! Bairitania, bagotegerana, enyameni eyaime gose eyaisiko, erio oyomo aiyerigwe.

Kera oyomo nigo arenge korigia obong'aini abeke oyonde inse. Bakogwa bonsi batorere orobega, eyuo 'makari, na igo onde tarenge kobarerwa obobui. Bakanigwa baimoka naende bachaka buya.

Barwane ase egeka onde atabekiri inse. nigo bare gokanigwa batige erio bakwanania barwa getii abande bacha.

Yare koba buna ensemo eyemo yaborirwe omomura, oyo ore getii abwo nigo arenge koiya amaubi obarutera.

Eyuo nigo yare kworokia ogochaya okonene ensemo eria etatoma omorwani.

Baria bakobua nigo barenge kobarerwa chigonde irenga babeka abande inse. Kobarababeke inse goika kabere baria bande bare rimo, igo ensemo y'echigonde ibere babareirwe obobui, baimokigwa igoro batera gochia omochie.

Ekero enyameni yaerire, aiga omochie eeri eye abamura baretanete yanyenywa, abagaka barora buna abamura babagana enyama eyuo ase abako n'abanto b'omochie.

Abako nigo bare koegwa ritana ekeng'ese, ebinama n'eriswa ri'egetore gia inse amo n'egetore kia igoro. Erio babeka enyama yabo eero rogooro.

Korua abwo, omorero outwa isiko erio abamura bachoora abagosamba enyama korageria abamura bande. Obokima nigo bwarenge korugwa obonge bakoriera enyama eye n'amarwa amange abako beengeire.

Enyangi nigo yarenge gwansa mono ekero ki'omorakera, omotienyi orabete na amare ataiyo. Oborabu bw'omotienyi n'omorero nigo biare koba obuya mono. Abanto bonsi nabo barenge kwegokia batari na bwoba bw'omosunte. Erio obokano bwabugigwa, n'emeino yaterwa goika bwakia mambia.

Riiyo ri'eeri eye yaitwa nario riarenge korusigwa chinkini (chinuga) chiare gochia gotimia ebitinge. Ensemo y'eritana nero yanchire mono ase chinkini chi'ogotimia ebitinge, ase engencho yarenge enyororo naende enkong'u ekero okong'usa. Kariomigwe, riiyo ri'eeri eye nario omosacha n'omoriakari oye bare goikarensera aria eero ekero gi'echoorwa.

Egetaorio gekoera mambia yaye omonywomi oirana sobo erio bwearigania kogenda mogoroba ase omoyega bw'echorwa.

Echorwa

Engaki eye y'echorwa nero yarenge enyangi enyene. Ekagera abakoro bagateba buna *'chorwa kangi ekagera Keboye akairana 'nka*[1].

Echoorwa igo yabwate ebitambokero ebinge biarenge gokorwa n'abanto b'obomanyi obonge mono ase omoroberio na amachiko. Abanto b'emechie eye ebere nigo barenge gosanga na kobwatanigwa n'amang'ana amange arenge kogera oboiri bwating'a na koba obwa kare na kare.

Abanto barenge n'engencho mono ase enyangi y'ebitinge nabwo aba:

a. Omonywomi – omomura

b. Omoisia bw'orotanya (nere naende okorokwa omoisia bw'ebiranya) n'oyonde bwe chintere

c. Omoriakari – omoiseke omonywomwa

d. Omoimari – omoiseke omokonyi bw'omoriakari ase enyangi

e. Omochia borere – omoiseke omoke omokonyi omoriakari n'omonywomi

f. Omong'wansi – omomura omokonyi bw'omonywomi ase enyangi

g. Omokundekane gose omobwatania enyangi.

h. Abande ase enyangi n'omobugia obokano, abarwani chinyameni n'abaatiotereria (bagotiotereria).

---

[1] Tokagerete buna omoriki namochete aake ase Ekegusii eke, ekiagera nigo kegokwana igoro ya Chorwa na Keboye, Abagirango, koumerana aaria Biego konye ekero barasireranirie korwa engaki y'egiateko.

Omonywomi, Obegete Ekiore Motwe n'Esumati Kwaa

(Ebicha eakire na Daniel M. Mokaya)

Enyangi y'Ebitinge

Omonywomi nigo arenge kweboyia buya egekoro ekero eke gi'echorwa. Nigo arenge kobeka ekiore motwe, esumati kwaa okoboko okobee, ase okoboko okorio oimokia ritimo, okobee enguba, naase amagoro obeka chindege (chinchigiri). Buna konya twaatiekire komanya, engaki eye Abagusii abasacha nigo barenge kweboyia egesena gioka. Korende ekero beeboyirie nigo barenge kororekana obwari bwoka.

Omoisia bw'ebiranya nigo arenge kobogoria ebiranya bi'emete y'omosabakwa, omonyatai n'ekerundu.

Omoriakari nere nigo arenge koboyigwa buya ase okobeka engobo, ekuruki, chirumba (nachio chinsonoi) chi'echirangi aoao. Engobo nigo yarenge gotuba bosio na magega, korende egekuba giatigara gechabeire chirumba/chinsonoi. Ase obosio, nigo are kobeka egetinti na gekuba obeka rigero.

Omoimari, oyuo orenge koba omokonyi n'omosemia bw'omoriakari oye, nabo nere arenge kweboyia buna omoriakari.

Omwana omoiseke, omochia borere, nigo arenge kweboyia igatwa.

Omong'wansi nigo arenge kobeka ekebage obosio igoro, keroseirie amaino embeche.

Omobugia obokano n'abanto bande nabo barenge kogenda n'omonywomi gwansia enyangi. Abanto nabo barenge komanya buna enyangi ingoeta ere bayesika. Nonya n'esegi nabo yarenge gotenena erio enyangi eike goeta pi. Nigo yarenge omogiro konacha enyangi kere nchera.

Ase okorora kwane, omoisia bw'ebiranya nigo arenge bw'engencho y'okworokia:

   a. ogwesika n'ogwekunga

   b. ogosesenigwa konyora abana, naende mono abana abaisia

c. kworokia buna barenge gochia kobarenda abana ase chindagera na kobarera (kobaboiyia).

Enchera omonywomi arenge kweboyia, na baria bare koba n'ere, bionsi 'mbiabwate engecho yabo, buna bono:

a. Ebiranya omoisia arenge kobogoria 'mbibwate engencho enene ase enyangi.
   - Omosabakwa n'ekerundu nigo biarenge kw'orokia oroiboro oronene, buna abanyanyangi batware abana abange. Abana nabwo obotobu bwa mwanyabanto gose omosararo.
   - Omonyatai nigo orenge koraga chimuma onye abanyanyangi bakogenda isiko (omokungu koba n'omosacha omoao, omosacha koba na mokoyoye omoiseke, …).

b. Omosacha ataraika konywoma, nigo arenge kworokigwa ase chinyangi chi'okwaroka buna akwearigania ase enywomo.

c. Enchera omonywomi are kweboyia nero iyabwate engencho yaye:
   i. Ekiore nigo kiarenge kworokia chinguru n'obogambi ase enka, gotangera eamate yaye ababisa na ayande onsi aya arenge amabe gochia ase enka yaye. Nigo omosacha aganeirie koroberia omochie oye buya, mokaye, abana, etugo na koagacha oboamate obuya ase abamaate baye.
   ii. Esumati nigo yarenge kworokia obwari naende yainyoria omosacha kogenda gosacha enibo aretere abanto baye.
   iii. Ritimo n'enguba nigo biarenge kworokia buna omosacha ararwane na gotanga ababisa.

Enyangi y'Ebitinge

Omokungu o Gusii

Omong'wansi

(Ebicha eakire na Daniel Mokaya)

Enyangi y'Ebitinge

ιϖ. Chindege (chinchigiri) na chirochio echiare echi'okoreta obwari n'omogoko ase omochie n'abanto bareo.

d. Amaino embeche (ekebage), ay'omongw'ansi are kobeka motwe, nigo arenge ekemanyererio giechinguru chia obosae. Ekiagera Omogusii akobora buna: *'ntakori moke morere chinguru chimanaine…, kibongia buna 'maino a mbeche.*

*****

Aaria sobo omoiseke mambia ekero abamura bakorire egetaorio, nigo barenge koboria ise omoiseke gose 'mbare aang'e n'omonyanyangi. Onye bare ang'e, abanto abang'aini batigara koraaba embori.

Omwana omoiseke omoke nigo arenge kobwata omonwa bw'embori n'emurwa ekero abagaka bakoyeguba. Embori koyanyenyirwe, nigo abagaka barenge korora amara gose nagitete obweri n'egesingo are amamwamu na atari mabariri, n'orobere rore egetinya. Chimbori nabo chiare konyenywa chinyinge goika etoke eyemo ere n'orobere n'obweri bogitete. Embori eye gekogwenera, omwana oyo omoiseke nigo arenge koegwa chinyama chianda (riini, amara n'ekeu) obogoria n'okoboko, oira nyomba komanyia abang'ina buna embori yagweneire.

Erio ekogwenera, abanto baaria batigarete koraba embori, bairana gochia sobo omomura kobamanyia buna embori yaitetwe yagweneire, igo beariganie ase enyangi.

Aaria sobo omoiseke, ise obeka aang'e chingobo n'echirumba ase omoiseke oye amo n'omoimari na omwana omochia borere. Erio origia omonyanyangi enseka/enkuruma, eeri n'endagera enyinge agocha korageria abako, abairi n'abasani ekero gi'echoorwa.

Omonyanyangi nigo arenge gochikwa gocha kobwatania enyangi aiga sobo omoiseke. Kworokia

Omokundekane

(Ebicha eakire na Joshua Araka)

Omokundekane (nere okorokwa omonyanyangi) nigo arenge kweboyia n'amarionya y'embuni motwe, obogoria esimisi, n'amareko obeka risankwa ri'egekene. Nigo arenge goikaransera egeteni kebwate amagoro ane; egeteni nigo kiare kobachwa korwa ase omotembe, omosocho gose omoraa.

Enyangi y'Ebitinge

buna babeire aang'e goikerania enyangi, omonyanyangi nigo arenge koirerwa bwoye ekenama ki'eeri, chinkara, n'ememera ase abande, erio omanya kwearigania gocha rituko riria omonywomi agocha.

Omonyanyangi (nere omokundekane) engecho yaye eyarenge kobwatania enyangi. Aba nabwo abamo barenge abakundekane bachiete 'nkuma ase chingaki echimo: Nyamieri korwa Tombe Bogetutu; Nyanamba korwa Tombe Bogetutu; Migika korwa Bosamaro, West Mugirango; Omenta korwa West Mugirango; Machoka Mosioma korwa Matangi Bogetutu; Oroko Nyaribo korwa Matangi Bogetutu; Masese Maganya korwa Gesore West Mugirango; Gisemba korwa Kemasare, West Mugirango; Oyugi korwa Bonyamatuta, West Mugirango; Mooreri korwa Geteni East Kitutu, Nduko na Mocheche ase abange babo.

*****

Amang'ana kagoika sobo omomura buna embori yaitetwe n'omonyanyangi yagweneire, omonywoni bwearigania, oba aang'e kogenda echoorwa. Ise omorigeria ebinto bi'enyangi: ritimo, enguba, esumati, chinchigiri/chindege n'ekiore. Omenta amaino embeche ase omong'wansi, ebiranya ase omoisia bw'ebiranya, omobugia obokano, endagera n'amarwa naro abekwa aang'e.

Omonywomi n'omong'wansi oye nigo barenge kweboyeria bare bweri barigereretie omochie. Kababeire aang'e bamanya gochaka kogenda oboko. Buna konye yatebirwe, omonywomi nigo arenge kobeka ekiore motwe, esumati obeka kwaa okoboko okobee, obogoria ritimo okoboko okomo n'okonde enguba; amagoro obeka chinchigiri/chindege na bosio obeka egesena. Omong'wansi n'ere obeka amaino embeche (ekebage) obosio igoro n'omobugia obokano bweboyia buya obogoria obokano bwaye.

Ekerogo/Egeteni/Egekomu
(Ebicha eakire na Joshua Araka)

Abanto aba b'echoorwa nigo barenge kogenda baika sobo omokungu mogoroba, aang'e ensa eyemo ekero bwairire. Bagoika aroro, batenena isiko, omokungu ocha oira enguba korwa ase omosacha oye. Kero kende nigo omosacha arenge koranga korwa enguba yaye, korende omokungu okomweebereria na komosekera buya, omotigera enguba maboko aye erio omosacha omobwatia gochia nyomba.

Buna omonywomi agosoa eero nigo arenge koereria omonyanyangi ritimo. Omonyanyangi nere obeka ritimo erio gesona igoro, aaria siaramache goika mambia yaye. Enguba ero yairwa eero.

Korwa abwo omoriakari n'omwana omochiaborere bagenda baikaransa borere bwa ng'ina omoriakari baganya goika omonyanyangi arangerie omoriakari.

Aiga nyomba riiyo nigo riarenge kobekwa eero rogoro ase barenge goikaransa, barambora amagoro. Kero kende nigo barenge goikaransera amaticha emurwa. Omong'wansi n'omoimari baikaransa amo n'omoriakari n'omonywomi eero rogoro. Omoisia bw'ebiranya/orotanya ogenda oikaransa egora ime. Aiga egora ime omoisia bw'ebiranya nigo arenge koreterwa amakara y'omorero ote, naende oegwa obokima n'enyama etari na moyio. Enyama nigo yarenge kobombwa obokima ime oegwa buna riyondi erimo rinene.

Aiga eero ase echoorwa ere, abanto nigo barenge gokira kiri. Monto tarenge gwancherwa nonya n'ogotwa amate engaki eye. Komenta n'ayuo, onde tare gwancherwa nonya nogosinyora aang'e na gesona arabaise gosaria enyangi.

Aiga eero, enyongo enene (enseka/enkuruma) ere n'amarwa nigo yarenge koremerwa engoro. Bamanya gotang'ania egetuka erio enseka yaereranigwa yabekwa engoro eye ime, yarimera erio yatubwa n'amaticha goika ebigoti.

Ensenka, gose abande bare koroka enkuruma, nigo yarenge enyongo enene abamura bane b'echinguru bare koganerigwa koyesukia. Enseka eye nigo yare koba n'omonwa otaminyogeti nonya n'ekeminyo, otari na riansa. Enseka eye tiyare korusigwa engoro koyaremeirwe yaikire inse.

Enseka koyatubirwe n'amaticha goika ebigoti, nigo yarenge gotonwa buya n'echintamame, ebirundu omoemwania, esinyiinte n'omosabakwa. Amarwa arenge koba ensenka ime tarenge gotagwa, korende nigo arenge konywerwa chinkore chioka gose ataorigwa n'ekeromu.

*****

Omonyanyangi engencho abwate n'eyokobwatania enyangi. Kabare eero, nere bweka orenge gokwana na korwa ogochika eki kegokorekana igoro y'enyangi.

Engaki eye, omoriakari n'omosacha oye nigo barenge koragera aiga eero na mono, omoriakari ase obwanchani orageria omosacha oye.

Aiga omonyanyangi nario arenge gokwana na kobatebia omoriakari n'omonywomi amang'ana n'echiira chi'enyangi. Omonyanyangi okwana ase okoragia amang'ana a nsoni, omotebia omosacha buna aira omokungu, amoisanekie kemobere na nyomba. Naende omoriakari tabasa kogenda isiko korigia abasacha bande. Onye ogokora boigo nigo arakwe ase amasangia.

Kobwatania enyangi eye, nigo embori yatakeire. Embori eye nigo yarenge goitwa ase okoyeng'eta. Nigo barenge koyebwata n'emurwa, baticha omonwa amo n'echimioro chiaye, goika yakwa. Amache (amasinyoro) y'embori eye yarenge goitera nigo arenge konyororokerigwa abanyanyangi (omosacha n'omokungu) ase ogokong'ia chiira chi'enyangi na goteba oyoraetanie, narente amakweri ase enyomba.

Batarachaka konywa amarwa, chinkore inye nigo chiare konywerwa amache, koenekia buna 'mbuya chire naende tichirubugeti. Bakonyora 'mbuya chire, omonyanyangi obeka chinkore echi ensenka ime, erio oching'usera amarwa rimo ase chire amo. Erio oereria omonywomi n'ere oenekia buna chinkore echi 'mbuya chire. N'ere ong'usa amarwa korwa kera oromo, omera. Erio omonyanyangi oonchora chinkore ibere chiaroria eero rogoro n'echinde ibere chiaroria eero maate.

Ng'inabiara omonywomi (nere ng'ina omoiseke) nabo arenge koganerigwa chinsoni arabie omwana oyo okomonywomera. Nabo arenge koringa chingobo omworokia ase omoiseke arwete ase ogosiria obosoku. Gakoorire, omonyanyangi ochaka koragia (gosesenia) eero maate na eero rogoro ase ogotera oko:

Tata araberie Kimonge

Embori twagorete ere na manwa?

Twayegora mwencheri

Saria yaagage motogwa................

Ee saria yaagage yobene.......yaagage mosono..........
Eeri yaiyeria mase tiga yaagage yobene ....
Ogotera: ee ee tata araberie
Kimonge embori twagorete ena manwa[2]

Obotuko obogima, endagera nigo yarenge koriegwa enyinge n'amarwa anywegwa amange mono. Obokano bwabugigwa buya, abanto batenga na goteera buya mono. Eri nario abakungu barenge kobochora chinyasi chingoro barore ayarenge gokoreka eero.

Omwana omoiseke (omochia borere), obekerwa obosie ekee korwa nyomba ime. Obosie boke bwasiarerwa emetogwa ya nyomba egesieri kia mosiereko, bwanyororokerigwa gocha eero bwasiarerwa emetogwa y'egesieri kia bweri. korwa abwo obosie obo bwasokigwa isiko bweri. Ebinyama ebike biabekwa obosie obo ime. Ekee eke ki'obosie nigo kiarenge gwetwekwa na kobogorigwa n'omwana omochia borere goika sobo omomura.

Bogokia mambia, omosacha ogenda roche kweyaka ebundo, otiga omoriakari okoboyigwa na gochaberwa buya. N'ere omoriakari orosigwa buya, obekerwa chingobo, chinsembe, n'ebitinti.

Enkondo, akarandi agasinini akaya, nero yaariganigwa. Enkondo eye yatonyerigwa amabere masinini, erongori gose amaguta ime. Amabere nigo arenge kworokia obonda bw'etugo, mono chiombe. Erongori yorokia endagera enyinge, mono obori. Na amaguta orokia ogosesenigwa okonene.

Enkondo nigo yarenge kobogorigwa n'omoriakari goika bwoye ochia gotorwa na ng'inabiara, onye orenge koba mobucha ibu. Gose otorwa na mobucha

---

2 Egetabu gia Nelson King'oina Nyang'era, *The Making of a Man and Woman under Abagusii Customary Laws,* nakerokio 'nkebwate amang'ana aya eira y'echinyangi chi'ebitinge. *Page 52.*

Embiru/Ensiongo/ Enseka/Enkuruma
(Ebicha eakire na Daniel M. Mokaya)

ibu, onye orenge koba nyamesanchu. Omoimari nigo arenge gokonya omoriakari oyo ase chingecho chionsi, komorenda tasundoka, aikaranse buya n'amasikani na ande onsi ase obwari bw'enyangi bwaganeirie.

Omoisia bw'Ebiranya/ bw'Orotanya

Omoisia bw'ebiranya obekwa aang'e, oegwa orogunchara rore na amaguta ime. Omoriakari oaka omonywomi amaguta ayuo erio oiraneria omoisia bw'ebiranya. Korwa sobo omoiseke omoisia bw'ebiranya nigo arenge kobogoria orogunchara orwo rore namaguta, ebiranya, n'ekenama ki'embori.

Omosacha okoirana korwa rooche oganya abang'ina barie enyigo erio enyangi esiborwe. Omonyanyangi oiraneria omonywomi ritimo. Korwa abwo omoriakari, omong'wansi, omoimari n'omoiseke (omochia borere) baba aang'e gosoka korwa nyomba ekero baeirwe ebisio. Erio baasesenigwa n'omonyanyangi (nere omokundekane). Korwa abwo, omonywomi n'omoriakari bancherwa kogenda buna omosacha n'omokungu bosio bw'abaibori, abaamate abasani abairi n'ense yonsi.

Korwa abwo omochie, enyangi yasooka - bono omonywomi otang'ana enyangi omoisia bw'ebiranya omoroba omoriakari, omoimari n'omoiseke omochia borere babwatia omoisia omotang'ani. Omoisia o kabere obwatia abakungu, n'omong'wansi okora korwa magega. Magega yabo abakonyi bande (buna omobugia obokano na abamura bande bakoba bagokonya enyangi tenachwa) bamobwatia.

Oyo noro omoroberio enyangi yarenge gosoka nonya as'ande Gusii ogwatananeka goke kware koba o.

Ogosika kw'Enyangi

Ekero enyangi yarenge goeta nabo yarenge gosikwa mono. Nonya n'esegi, eyarenge gotenena goika enyangi yaetire. Aiga buna enyangi yasoka, aba bakoreirwe enyangi tibare korigia magega, kende nakeba. Nigo bare kogenda riooka igo, goika sobo omosacha na goika enyangi yatoorwa.

Goika Inka

Enyangi kegoika sobo omosacha, obosie bwatorwa omoiseke omochia borere. Omoriakari n'ere otorwa enkondo, yairwa nyomba mwa ng'inabiara onye ore mobucha ibu; onye kare nyamisanchu otorwa na mobucha ibu. Riisankwa rire n'obosie bore n'ebinyama biabekwa kiage. Abanyene omochie, mono chikamati, nabo chiare gochecheria omoriakari ase okomoroka amarieta atarasoa nyomba eero, korende orendwa n'omongw'ansi.

Omoisia bw'ebiranya orwa orogunchara rwabekwa 'magachi igoro n'ekenama kiabekwa eero rogoro, oganya omorero bwateke erio ekenama giatwe na koriegwa.

Abageni baegwa chindagera ao ao. Kegoika botuko gati, omosacha bagenda na mokaye mwabo amo n'omoiseke omochia borere. Aiga mwabo nigo barenge korengerana, bacharoka gochia borere bwabo. Ogocharoka nigo kware koraga mwana ki baratambere omoiseke gose omomura. Omochia borere obaatanana omosacha na mokaye aaria borere tibaaba amo ase okogania kw'enyangi (kemobere) goika bwakia mambia.

Amarwa ne'chinkore
(Ebicha eakire na Joshua Araka)

Gotimigwa Ebitinge na Gochoora Erieta

Gotimigwa Ebitinge

Bogokia mambia omong'wansi oa omonywomi n'omoriakari ebinyama ase orosanyi basanga ase okobiria (emesanchu). Eke nigo kiare koraga buna oyomo obo agende isiko nigo barenge gokwa amasangi. Naende omong'wansi oa omonyanyangi amarwa. Aya nigo arenge kobabwatania na gosaba obogima obuya n'oroiboro ase aba banywomanire. Ensakia kegwoka, omoriakari osokigwa isiko oikaransa, orambora amagoro.

Erio omong'wansi n'omonywomi bareta emurwa batenena bosio bw'omoriakari oramborete amagoro. Omong'wansi ogirokia gotimia egetinge ase emurwa okogoro okomo kw'omoriakari. Omonywomi nere ogirokia gotimia egetinge ase emurwa okogoro konde kw'omoriakari.

Ekero barenge kogirokia gotimia ebitinge ebi ase amagoro omoriakari nigo barenge komotebia "nagotimia getinge gia seito............."

Ebitinge ebi nigo biare bi'entere eyemo n'enuga n'emurwa (mock rings). Ekagera abakoro bagateba iga *'mokungu o bande nyabarati ere bweri; torusia mokorogoto oagage, nsoni chitamere magachi otang'ang'e tureti binusa bire mioro'*.

Kobakorire gotimia ebitinge bi'emurwa, omoriakari nigo arenge kobwata ekee obeka amariagati igoro. Erio oganywa achore erieta ri'ebitinge.[1]

---
1 Amarieta y'ebitinge akumete engaki eyuo naro buna Moraa, Kemunto, Kerubo na Kwamboka.

Enyangi y'Ebitinge

Gochora Erieta ri'Ebitinge

Omoriakari igo aganeirie achore erieta ri'ebitinge goikerania enyangi. Nigo abanto barenge koruta amaondi y'obokima gochia ekee ime bagwatora Moraa, Kwamboka, Kemunto gose Kerubo.......erieta omoriakari aranche korokwa rigwatorwa nigo arenge koimoka nekee ogenda nyomba. Erio abanto bamanya erieta ararokwe aiga enka yaye. Omokungu nabo are goonchora erieta amanyire sobo na riria ria bwoye. Omogwekano Mong'ina Mochama akarokwa Kerubo ri'ebitinge na Nyasito Nyaboga akarokwa Moraa. Mong'ina Onchiri nere akarokwa Moraa, erieta ri'ebitinge. Amarieta amatang'ani y'ebitinge nigo arenge amarieta ane oka, naro aya: Moraa, Kwamboka, Kerubo na Kemunto.

Amarieta ebitinge amententwe ayande naro aya: Bochaberi, Bosibori, na Bonareri. Aya nigo amentetwe ekero Abagusii babete bakonywoma abakungu goetania bane.

Ekero omoriakari achorire erieta, omoimari na abaiseke bakoobete omoriakari na barabwo babwata erieta omoiseke omwabo ararokwe aaria bwoye. Bogokia buya, rituko rikobwatia, aang'e chinsa inye chia mambia, omoriakari oirana gochia sobo gotimia ebitinge. Gakoirana nigo abegete ebitinge bi'okwegia bi'obonyansi emurwa, biria atimetigwe n'omosacha oye n'omong'wansi.

Abaiseke bamokoobete omoriakari amo n'omoisia bw'ebiranya obatang'ana ore n'orogunchara na abanto bande bakooba abaiseke ase okobatangera chinyang'au na koenekia banto bande tibabachegia.

Ise omoiseke n'abamura bamwabo buna riria basogetie enyangi nigo barenge gotigara korigia chintere n'echinkini bache gotimeria ebitinge. Buna yakang'igwe ande ase amariko aya, riiyo ri'eng'ombe yaitetwe sobo omoiseke nario riare korosigwa chinkini chiogotimia ebitinge. Chintere ikomi naibere chiarigigwa kera okogoro kwaba n'echintere isano nemo ase abakungu abange. N'abakungu barenge abanene boka barenge kobeka ebitinge bibwate chintere isano naibere ase okogoro okomo.

Entere nigo ere echuma eturire ere aang'e eiinchi eyemo obotambe n'obogare bw'enusu einchi. Nigo yarenge koringwa yatwara engoro. Echuma ya bono y'amache y'einchi eyemo nabo yare koroisia ebitinge.

Chinkini chingiya nigo chiare koba chi'ensemo y'eritana; inyora riiyo riria ri'eeri yaitetwe engaki y'echoorwa.

Ekero bamura bamwabo omoiseke barenge gotimia ebitinge, nigo barenge koba n'esindake egoetia chinkini chintere ime goika chiechoka chiabwaatana buya. Emurwa n'omotabararia nigo biarenge gotang'anigwa goetigwa chintere ime erio chinkini chiamanya korobigwa buya.

Emurwa nigo yarenge koraga ogosarara, okoranda nakomenteka kwa abanto ase eamate eye engeni. Na boigo abakoro bagateba buna *omonchari 'nkorera are 'ntangori Emanga ebe eyaito onye twaranda bokemurwa.*

Kabakorire komotimia ebitinge, omoriakari oirana bwoye, bachaka obogima na gosanga bionsi amo n'okogania kw'enyangi. Abaibori b'omosacha amo na baria b'omokungu (chikorera) na barabwo basiboka na gochaka emeremo ya botambe na boigo goikerania okogania kw'enyangi okwo barenge gwetanga gochakera egechabero.

Enyangi y'ebitinge yaera yaikerana ekero omoriakari atimirie ebitinge. Enseka yarusigwa egetukora, ekiore, esumati na binto binde bionsi biasabetwe ase engecho y'enyangi biairanerigwa abanyene.

Okonywoma Abencheri Abange/ Enywomo

Omosacha narenge n'obosibore bw'okonywoma abarugi abange n'abaiseke imbabwate obosibore bw'ogosokera omonto orenge na abarugi bande. Na ase Ebuku nabo tokonyora ababani abange babwate abakungu abange. Oyomo buna Daudi nanywomete Abigael na Batsheba; Suleman nigo abwate abarugi bonsi amo elfu eyemo, amagana atano na abere, abaye n'abande amagano atato bande b'enchinsemo.

Omogwekano as Gusii, Chief Nyandusi korwa Nyaribari nigo abwate abakungu ikomi na batano na babere (17), Chief Agwata Ondeyo, korwa Bogirango, nabwate abakungu ikomi na batato (13), Chief Alex Nyakwaye korwa Igorera, Bomachoge, igo abwate abakungu kianda (9), Onyancha Oando korwa Sironga, West Mugirango, n'ere nabwate abakungu ikomi na batano na batato (18).

******

Tiga inkore iga, chisemi echi igoro *y'Enyangi y'Ebitinge* nigo chire echi'engencho enene mono. Nare n'egesio oria orachisome na gochibwekania emegiro ende y'obomenyo bw'enyangi. Ebinto mbireo bire ebiya torakorere emeremo ase tore nonya ne chingaki echi, naende mbireo biaeteirwe bono torasike buna emegano yaito ya kare. N'onde n'ere tiga asokie kende amente ase esomo eye engiya bosera.

Igo Abagusii bande nabo kero kende babwate chingecho buna chiria chi'abana ba Israeli. Abamura nigo barenge konywoma korwa omotangi gocha insc goika omokogoti okora. Na boigo abaiseke nigo barenge gosoka korwa omotangi goika omokogoti.

Enyangi y'Ebitinge

Momura moke tarenge konywoma atige omonene gose omoiseke omoke asoke atige omoiseke omonene nyomba. Omonto orenge gotwara omorugi oyomo tarenge koegwa amasikani buna oyobwate abarugi abange. Oyo obwate omokungu oyomo nigo arenge gochecherigwa na korokwa 'nyarisorimo'. Ekero abagaka barenge konywa amarwa, 'nyarisorimo' nigo arenge kobera aang'e na gesieri tabuna chinkore onye kero kende ogocha korangerigwa buna omwana gose mokaye orwarire

Nyabarugi bange nabo arenge koegwa amasikani ase ogotigererwa ekerogo eero rogoro. Nigo arenge kobekwa obogambi gose omonachi ebina ase etureti. Nabo arenge koba omosemia ase amang'ana amange arengete chinka.

Konywoma abarugi abange nigo yarenge kobwatia amang'ana amange buna aya:

a. Entakana gose omomura ore mwabo bweka nabo arenge konywomerigwa bwango naende yaganerigwa anywome abarugi abange erio omochie ogaree.

b. Omokungu are konyora abaiseke boka gose etoke buna momura taiyo, omosacha nabo arenge koganerigwa anywome goetania omokungu oyomo erio bamonyorere abamura.

c. Ase omokungu are koba omogomba, omosacha nabo arenge konywoma naende.

d. Etoke buna omonto nabwate oboremo obonene n'echiombe chinyinge nabo yare kogera omonto obuchia abakungu.

e. Abagambi, abaragori, abakuumi, abariori, abanyamete na barabwo nabo barenge gotwara abakungu abange boigo.

Onde bwensi otare na 'ng'ombe nigo arenge kobarwa omotaka. Ekero amabere ataiyo nigo bare goteba abana bakure obotaka. Ase engecho kobasa gotare, nigo yarenge kobabera akong'u nonya nokonywoma omorugi oyomo.

Tiga inkore intebe iga kobwatekana na amang'ana a Cicero oyuo okwanire are egetabu gekorokwa *The Making of a Man and Woman Under Abagusii Customary Laws*, kerikire na Nelson King'oina Nyang'era. Marcus Cicero nigo atebete iga:

"Gotamanya eki kiabete gose giakoregete otaraiborwa, igo nokogenderera koba omwana riooka. Obogima bwa mwanyabanto tibokoba na 'ngencho onye tibokobwateranigwa na boria bw'echisokoro chiato ase omogano na amariko."

Enka n'Omochie bw'Omogusii

Chingaki chia kare Omogusii nigo arenge n'obokong'u ase okomenya bweka ase omochie oye. Nigo oboete ching'iti chiorosana buna chinyang'au, chingo nonya ne'chindo echio chiarenge ababisa b'etugo. Boigo ababisa, abaibi na abauri ngotangwa barenge tibasoa omochie gosakora etugo. Endemero ekero yarenge gotoka Borabu, nabo omonto arenge korangeria 'momura omwabo, gose omoiri o ime, ache koria oboremo na boigo kobwaterana ase ogotanga ababisa. Omochie oyomo nigo orenge korosigwa na kogitwa n'amagwa. Bamanya korema eirima goetanana omochie na baroisia orobago, batiga aamo ase bagosoera 'mochie.

Ase omochie, nabo omogaka are gotwara abarugi batano. Bonsi aba nabo bare koba n'abamura. Chinyomba chia abarugi Mobucha Ibu, Nyamesanchu, Nyabweri Rogoro, Nyabweri Maate na Nyageita nigo chiarenge kobeka obweri gati. Abamura ba kare enyomba nigo barenge koagacha maate ya mwa ng'ina, ebisieri biaroria bweri. Emegondo y'obori nigo yarenge koba isiko y'omochie, otatiga egeticha gi'enchinsaga. Abamura barenge koba abange nabo barenge korenda ensiyo abagaka barema, ekagera bagateba buna *ensinyo amanya kobengwa, 'mbamura etabwati*.

Omochie bw'Omogusii nabo orenge kworokia 'bweri n'echinyomba chia abana erio abageni b'amasikani, buna ng'inabiara n'abako, tibagotantana ekero baikire omochie. Gusii nense y'ebitunwa, chindoche na amagooko amange. Onye omochie ore ng'umbu ase omogwekano, omonto nigo agotirimboka osoa roche otamboka, erio ochaka gotira gochia omochie. Aiga kagootira ogoika egesieri nigo arenge korigia ase

Enyangi y'Ebitinge

obweri borochie erio omanya buna okoboko okorio erio nao omokungu Mobucha Ibu are na okobee nao Nyamesanchu are. Abakungu bande babere nigo oyogatato arenge koaagacherwa bweri rogoro n'oyokane bweri maate.

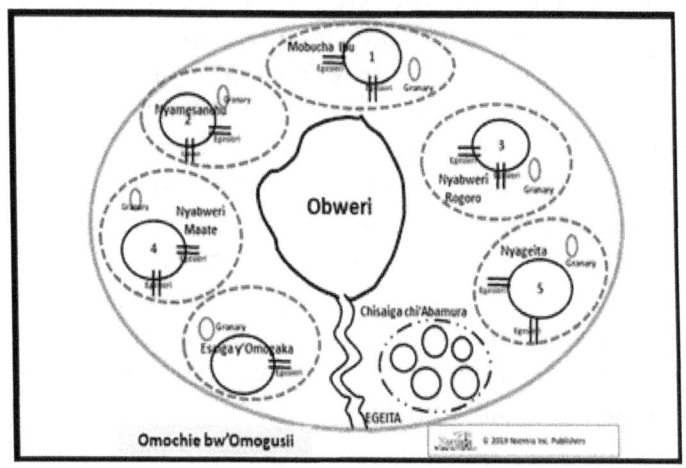

Omochie bw'Omogusii
Korua ase chibicha chia Nsemia Inc. Publishers.

Onye omogaka obwate omorugi oyomo n'abamura batato, omomura omonene nigo arenge kororia okoboko okorio ekero oteneine origereretie bweri oete oroche omogongo, n'oyokabere okoboko okobee, n'omokogoti obera gati ase ritongo ria abaibori.

Oboremo bw'esokoro nigo bwarenge gwaterwa abamura bonsi baiboire aroro. Omomura omotangi nabo arenge komentwa magoro 'make oetania abande ase oboremo. Eye nase engencho nere okobwatia omogaka bw'omochie; naende nabo eratoke buna abana baye nabanene, igo mbaganetie aagare korema endagera erabaragerie.

Omomura kanywomire nabo omorugi oye arenge koba okoroisia endagera mwa ng'inabiara na korageria bonsi abare ase omochie. Okonyora abana n'abamura bande bakonywoma, nabo arenge kworookigwa ase akwaagacha na gochaka enka yaye enyia. Korookigwe ase aye, nigo arenge kogita na korosia obweri n'enyomba yaye. Gakorire ayuo, ise omogwonyora ase okomoa enguba, ritimo, egami n'echiombe chimotungetie.

Erio ngi'na omomura origia abagisangio baye bagenda kwarekera mokamomura. Mokamomura nigo arenge koegwa ensiongo ya amache, enyakaruga, egetega, ribiria, ensio, enyang'eni n'obosie. Ng'ina omomura nere ore koruga okoruga ogotang'ani mwa momura, erio mokamomura osiboka ogenderera n'emeremo ya botambe y'enka yaye enyia.

*****

Enyomba y'Omogusii nigo yarenge koba egesingo ere n'eritiro erimo. Chinyasi nigo chiarenge gosimisigwa ebisigisa, chiaboogwa ne'chindigi erio chiaomwa n'esike ya bweri, n'egesieri kiaba egi'ekige. Ekerama nigo kiarenge koroisigwa omochoro na goseretwa n'ekenyoru, ekebabe gose esasati. Igoro yaye, egechuria kiabekwa.

Ekero omosacha akure, egechuria nigo kiarenge kobunwa giacha koiranigwa ekero ebinto biagororokigwe. Nyomba eye tiyarenge gotwara tirisha, otatiga ekebao egeke enkundi yoka egoeta barenge kororera gochia isiko, n'ekende inse enyasi aang'e na gesieri ekemoni gose engoko biarenge gosoera nyomba, onye abanyene bakonyoorwa isiko.

Enyomba y'Omogusii nigo yabwate ebisieri bibere ogosoera na gosoka korwa nyomba: egesieri kia bweri/ gesaku na egesieri kia boronge. Nyomba tiyarenge na toto nyinge otatiga eyare goatanana eero na nyomba. Eero nao chimbori ne'chimori chiarenge korara, na kero kende echinde chiarara egora. Mobaso, eero eyare enyomba y'abageni. Nyomba ime nao egetiti kiarenge, eriko, irungu na sumi. Risang'ina nao barenge kobeka ebiee, ebituba, ebitabo, ekeburugo n'ebinde ebinge.

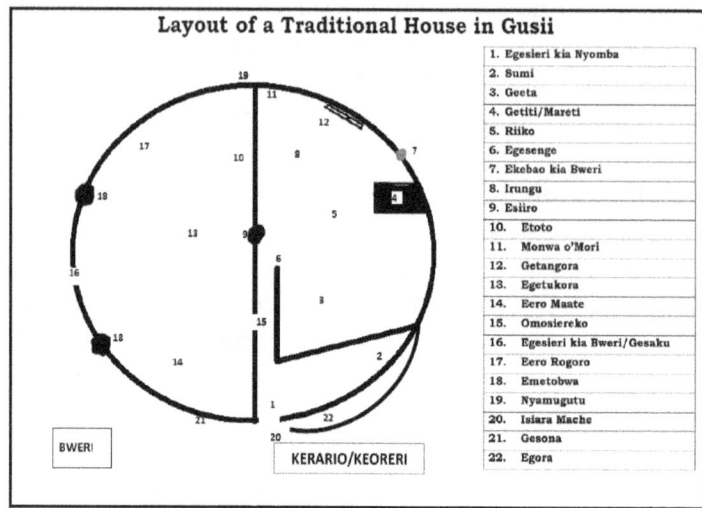

Enyomba y'Omogusii
(Korua egetabu gekorokwa *Emegiro y'Ekegusii* kerikire na Nemwell Atemba na Samwel Ariga)

Enyomba y'Omogusii
(Ebicha eakire na Daniel M. Mokaya)

Aya Okomenta
Emeino yachiete 'nkuma ase Gusii Engaki ya Kare

- Nyansaiga oiye oiye, twanywa amarwa twatinda, twaria 'meseke miomo kamaroro are nyomba
- Baba nyakeibora 'omo otare koibora abange abande bachie amasamba
- Inaki kwaondocha ekegeni kia rimoigo
- Basinto ba... ogokaga 'mba ng'ina omo, nyamaino mandegere, nyaigoti ringa nungu, ogokaga 'mba ng'ina 'omo korende abang'ina 'mbabere
- Eeri ya magwari yango? Torochi eng'ina nyabisembe?
- Ing'ai chiakerete - chigaakare cbcrcgc
- Ng'ereria orotambe nduserie abanto baito roche orwane n'engegu rwaereire
- Ng'ererie obokombe ng'ende koabureria omogondo, omogondo nyakieni kebariri
- Onchong'a agatama ekworo Kimaiga kayebwate
- 'Mosaiga siberia ong'e toa 'monto okobayabaya, 'ng'ai akomanya chiariseirie
- Takona kondamera omosacha nere ritiro rire 'nyomba
- Kae Bosibori ensio yaye nero yoka abwate agosera
- Auma aka ng'umbu kende tikeri roche n'esasati ekona kwoga
- Abande namokwana timonga rigoro riang'ung'uire rikogwenia obori mogondo

Amatera n'emeino ende nigo biarenge goterwa goetera n'ayakorckanire ase omogwekano:

- Omoindi Bahi 'nkorerare, amache a Nyangweta roche, amache abeire ebinyinyi

Enyangi y'Ebitinge

- Echarachani yaichora ekaira omwana nang'ina
- Nyamotero okure Bonyaikoma, moborie Samba na Mokaya
- Ng'ina bosa okure Gesabakwa
- Nyangweso yakora obori
- Amache a Nyambiri roche... n'obochege agiteire
- Gocha chinguba china kwoma, Osanga rogoro nenga mache
- Chiachire ee baba... chiachire chiombe chiomogesi... eteni naigure.

Abagugia Obokano Bakumete Gusii

Ababugia obokano nabo barenge kogokia abanto ase emeino eye. Ase Gusii ababugia obokano n'abange korende abachiete 'nkuma nabwo aba.

a. Omwenga Tariki korwa Manga, Bogetutu
b. Buruna bw'Ombati korwa Igare Bobasi
c. Nyansarora-Nyamemiso, korwa Bochura, Bogetutu
d. Nyaundi Onyambu, korwa Bonyaikoma Chitago, Bogetutu
e. Omoyo (Nyasaland), korwa Ekenani Mong'oni Bogetutu
f. Sakawa Onyoni, korwa Bomokora Sub-Location, Iyabe Location Bonchari
g. Bikundo, korwa Matunwa, Nyaribari
h. Ontomwa Gekong'o na Oyugi Moruri, korwa Siamani, Nyamira Township, West Mugirango
i. Moonchana Marindi, korwa Echiro y'echinyama, Mochenwa Location Bogetutu.
j. Otiso o Manyange

Obokano

Obokano nigo boroseirie emete, chinge, amasaati obochoe, riiyo, egetuba ki'omotembe na amagoma amatoke. Chinge chi'obokano nigo chire isano na isato Chinge chingiya 'nchiria chi'emenyiki y'echiombe.

Omobugia Obokano
(Ebicha eakire na Joshua Araka)

Enyangi y'Ebitinge

Omobugia obokano nigo agotenena obeka obokano igoti (gose ireko) borigereretie inse gose oikaransa n'egeteni erio oaka chinge n'ebiara bi'amaboko onsi. Koigwania chinge omobugia atarachaka nigo barenge gokoroka ogontontotia. Ekero obokano n'emeino biarenge goterwa buya, omonyene enyomba nabo arenge kwerwa oikia korwa irongo amarwa aria erisererete. Ekagera abakoro bagateba buna *'monwa 'muya orusia ng'ombe serere.*

Chinyigekero/ Chiintuboka

1. Pastors J. A. Nyarangi Kiage and E. O. Mouko. *A New Approach to Marriage.*
2. Zachary Abuga *Abagusii Proverbs.*
3. Daniel Momanyi Mokaya. *Female Circumcision Among Abagusii of Kenya.* (Nsemia Inc. 2012).
4. Nelson King'oina Nyang'era. *The making of a man and woman under Abagusii customary Laws.* Dal-Rich Printers.
5. Pastor Joel Nyarangi. *Our Heritage" Abagusii Wise Sayings.*
6. Pastor Joel Nyarangi. *Kisii Proverbs.*
7. Chinua Achebe. *The Arrow of God.* (Heinemann, London; 1964)
8. Pastor Festus Njagi. You and Your Marriage.
9. J. S. Mbiti. *African Religions and Philosophy.* (Heinemann, London; 1969)
10. A. Ngoko na P. Boera. *Emebayeno y'Abagusii.* 1980
11. A. Ngoko na P. Boera. *Chimbachero chi'Abagusii.*
12. Justus Orutwa Nyaigoti. *Twegere Omonwa Oito, Ekegusii*
13. LeVine, Robert A. and Barbara B. LeVine. *Nyansongo: A Gusii Community in Kenya.* New York: Wiley, 1966.
14. Ministry of Planning and National Development. *Kisii District Development Plan 1989 – 1993.*
15. Nemwel Mogere Atemba, *Abagusii Wisdom Revisited (Nsemia Inc., 2010).*

Chinuguta Chi'Omonwa bw'Ekegusii

A b c e g I k m n o r s t y

A B C E G I K M N O R S T Y

Amang'ana Amayia Amating'u

Amaebi	Eriogo gose amariogo omosacha are koegwa bobisi (n'omokungu) ase endagera egere ororobe gose amokorere buya ase okagania kw'omorugi.
Amaikora	Nigo yarenge embori yarenge konyenywa, kong'wanswa ekero omosacha akure erio erete ebisio nyomba. Embori eye nigo yare korwegwa na ise omoiseke.
Amanyansi	Emete yarenge goswagwa yamentwa amache, yarenge gosiarerwa omochie goetagoeta, korabia omochie.
Amasangia	Ekero omokungu osogete agokore obotomani, gose basange omosacha na 'mosubati omwabo, okoba kemobere n'omosacha oye, ekero akoibora amanyinga aye are aroro morero, omokungu oyuo nigo agokwa ase amasangia.
Amasati	Ensemo y'obokano yarenge kobwatanigwa n'obochoe.
Amaubi	Engencho yarenge y'okwoorokia amachaya amanene ekero chinyameni chiare. Omorwani enyameni nigo arenge koiya obonyansi bwetinyeria enyuma erio otuguta kworokia ogochaya okonene.

Enyangi y'Ebitinge

Chinge	Chingori chinyerere chirosirie korwa ase emenyiki, chiare kobugerigwa obokano.
Ebiranya	Naende ebiranya nabio biare korokwa emerisera/orotanya ase amarieta ande. Ebiranya ebi abaisia barenge kobogoria ekero ki'enyangi nigo biarenge bi'emesabakwa, emesocho, ebirundu n'emenyatai.
Ebuga	Ekerandi egeke kebochoire gekobekwa amache gi'okonywerwa enyasore.
Echorwa	Nero enyangi enyene y'ebitinge.
Eero –	Ensemo y'enyomba y'Omogusii ya ime. Nao abageni bare kobutera. Aiga nao etugo yarenge korara buna chimori, chimbori ne'ching'ondi.
Egechabero	Ekero ki'enyangi omoiseke arenge koboyigwa buya ase chirumba na amachere ataragenda bwoye.
Egechaki	Egekuba gose chimbeere chi'omoiseke chiteneine ekero are omoke.
Egechuria	Egete egetambe kiare kobekwa gati enyomba kerama igoro. Nakio kiare kobunwa ekero omosacha akure.
Egekene	Ekiamwabo egekondo kere na amarionya amange.

Egekoromu	Nekerandi kebochoire barenge gotaoreria amache amaberu abekwa enseka. (Rora erieta rinde riamwabo nario omotao).
Egekwano	Ekero ki'enyangi y'ebitinge abako barenge kogamba igoro y'echiombe n'emeroberio ende y'enyangi.
Egesabo	Ekero ki'enyangi abamura barenge kogenda sobo omoiseke enyangi etaraba.
Egesagane	Omwana omoiseke otararoka gose gochia maguta motwe.
Egesero	Risankwa ase obosie bware kogwa rogena ekero omong'ina gose omoiseke agosia.
Egesingiro	Ekerandi egeke ekiya omokungu n'omosacha oye barenge koererania n'enkondo eero ekero ki'enyangi.
Egetaorio	Ekero ki'enyangi ekero abamura barenge gokinana chinyameni inka y'omoriakari erio eeri yaitwa n'okoragera okonene kwabwatia.
Egeteni	Ekerogo egeke ki'amagoro atato gose ane.
Egeticha maino	Ekeragerio enyangi etaraba.
Egetinge	Chintere isano nemo (gose isano na ibere) chire singo chibwatanirie n'echinuga.
Egetinti	Orokini rochabeire chirumba n'amandere abaiseke barenge kobeka motwe ekero ki'enyangi.

Egetuka	Omote, ekemeri kiarenge gotang'anigwa inse y'enseka/enkuruma ekero ki'enyangi. Nigo kere buna rigeri.
Egora	Isiko ase nyomba gesona ase chimbori n'echimori chiare korara.
Ekamati	Mosubati omwabo omomura na mokamomura nigo bakorokana 'kamati'.
Ekebage	Egutwa yare koroserigwa amaino y'embeche n'amarionya; nero omong'wansi arenge kobeka ekero ki'enyangi y'ebitinge yarenge gokorwa.
Ekebu	Orogunchara oroke robwate chingoro igoro nainse rokorusia amanyinga ekero omonto agoakwa oroki.
Ekeburugo	Omote obachire/orosirie abang'ina bakoburugera erongori motwe ore enkundi.
Ekee	Ekebekerero ki'obokima keroseirie chimboba, enkori ere ne risankwa, omogo bw'orosore.
Ekegwesi	Nigo keroiserie amaroba/esike buna enyongo kebwate omobirangu obwate engoro gekonywerwa etumbato.
Ekemunu	Ekee egeke kiare konywerwa amarwa gose koiyorwa obokima.
Ekemwa	Omote, ekemeri abamura barenge kobogoria ekero barenge kogenda ekerorano.

Ekenusa	Etumbato esire ebekire akarandi agasinini abagaka bare kobeka mioro baasimora.
Ekerangesa	Orugunchara oroke rokobekwa amato etumbato yasang'anigwa amache yatoba yabekwa mioro.
Ekiore	Egutwa yare kobekwa motwe n'omonywomi ekero ki'enyangi, eroseirie riyo n'echinsembe.
Ekuruki	Engobo enene ya amasikani ya abanda.
Emecheo	Emete yarenge koroisigwa amanyansi.
Emerisera/ Emerisa	(Rora erieta ebiranya)
Emesanchu	Ebinyama bibutoire ebike biarenge gosangwa ekero ki'enyangi.
Emesuto	(1) Eng'ombe omoigwa arenge koegwa korwa bong'inarome na momura omwabo ng'ina. (2) eye nemete abaisia b'ebiranya/ orotanya bare kobogoria ekero ki'enyangi.
Emurwa	Obonyansi bokomera mono ase atobu ase bweri gose ase chiombe chimenyete.
Enduru	Nigo enga amasati, ekeroria, emoti ebwate engoro. Ase baria barenge konywa enyasore enduru nigo yarenge kobutorwa inke yasoigwa ase ebuga ime yabekererwa eroo igoro ekero akonywa enyasore.

Eng'aya	Ekero gi'esegi eng'aya nero yarenge gotuba abamura tibabetwa amatimo gose chinsara na ababisa. Igo yarenge enene yaganetie abamura b'echinguru koyekorera emeremo.
Engobo	Nero yarenge eyanga y'omokungu o kare. Nigo yare korosigwa korwa ase riiyo ri'eng'ombe gose risankwa ri'embori.
Engori	Emegoye gose amakonge akorekanirie akaba amatambe ogosibera embori, eng'ombe. *Engori teri gosirera 'boko'.*
Enguba	Ekerwanero omorwani oyomo are gwetangera tabetwa ritimo gose ensara.
Enkondo	Ekerandi gose akarandi agake omoriakari arenge kobogoria ekero ki'enyangi, kiarenge gotonyerigwa amabere, amaguta na amarwa.
Enkuruma –	Enyongo enene ase yarenge koremerwa inse eero kere n'amarwa akonywerwa chinkore chioka atari gotagwa.
Enseka	Rora erieta Enkuruma
Ensembe	Gose chinsembe, n'echinyomba chi'amakorominyo.
Ensiongo	Enyongo enene ase chionsi, mono yare kobekwa amache.

Entere	Echuma ere obotambe einchi eyemo, n'obogare boreng'aine bo, chiare koroiseria ebitinge. Chinuga nachio chiare gosoigwa n'esindake goika chiaichora chiating'ia ebitinge.
Enyameni	Egosori y'abamura barenge korwana. Oyokobekwa inse oba omobugwa.
Enyangi	Okobwatanigwa kw'omomura n'omoiseke erio bamenye amo buna omosacha n'omokungu.
Eroo	Ase baria bare konywa enyasore nao barenge kobeka amakara omorero agwoka ekero babekire 'egete' enyasore enyene. Eroo nigo erosirie enga akanyongo agake kabwate engoro gati.
Esaiga	Enyomba ase abamura bataranywoma bakomenya.
Esigani	Omosacha gose omokungu orenge koba omokwani bwechiamate ibere ase enywomo.
Esing'onde	Omoiseke omonyakieni naende omwekungi.
Esinyinte	Omote okoranda ore eriogo naende ogokora enyangi y'ebitinge.
Esumati	Risankwa gose riiyo rirosirie ne chinsembe omonywomi arenge kobeka kwaa okoboko kwa bomosi.
Etoto	Enyasi yarenge konachana enyomba.

Geta	Ensemo ya nyomba ime ase omosacha arenge goikaransa.
Getangora	Ensemo ya nyomba ime ase ebinto bikobekererwa.
Gokendia nyomba	Mono ekero omosacha akure ndagera tiyare korosigwa nyomba goika egoree yanyenyirwe/yang'wansirwe naende abanto b'omochie bakoreranire. Okong'wansa oko nakwo ogokendia nyomba.
Irongo	Ensemo y'enyomba igoro ase barenge kogacha obori n'echinko.
Irungu	Ensemo y'enyomba ime ase omokungu arenge goikaransa.
Koboererwa	Omomura okonywomerigwa ore omoke otaraisana ase egencho are bweka mwabo.
Makari	Ka abamura bare korwana enyameni, ko bakogwa bararera amagega igo bagure makari, onde tarenge kobarerwa obobui ase enyameni eyuo.
Mobucha ibu	Omokungu omotang'ani koywomwa ase omochie.
Monwa o mori	Egesieri ogoetera korwa eero gochia nyomba ime. (Rora mosiereko)
Mosiereko	Egesieri ogosoera eero korwa nyomba ime.
Nyaboraire	Egekuba gose chimbeere chio'moiseke chiraire ekero agotire.

Nyabweri maate	Omokungu o kane konywomwa ase omochie.
Nyabweri rogoro	Omokungu o gatato konywomwa ase omochie.
Nyageita	Omokungu o gatano konywomwa ase omochie.
Nyamisanchu '	Omokungu o kabere konywomwa ase omochie.
Obochere	Nigo bware kobekwa ase engobo ase ogochabera. Bwarosirie n'ebichuma.
Obogoro	Eubi yarenge kobwatana ase ekegwesi.
Obokano	Egetuba kere n'echinge isano na isato gekobugigwa ase amatera. (rora ebicha).
Obokima	Obosie bwechibando gose obori boburakanirie n'amache a morero bogakonywa bwaba obokong'u bwatigwa riiko bwayia.
Obosie	Chibando gose obori ekero bwasirwe igo bokoba obosie.
Obwanga	Obosie boburukanirie n'amache bogatigwa amatuko abere erio botware obwansu gete.
Obwari	Obwansu, omweya, obuya
Ogokobania	Omosacha gakure, nigo omokungu arenge goonchora chianga chiaroria isiko ekero egechuria kiabunirwe.

Ogokomborwa	Ogosaragwa egetore ase abanto babere gosanga amanyinga abo ase okoba buna abamwabo goika ogokwa. Abaisia b'ebiranya nigo barenge gokomborwa bataragenda enyangi y'ebitinge.
Ogokomera	Ase enyangi, oko okogenda ng'ora na gotenena boire.
Ogonsonsora	Okoigwania abanto bamochanire ase okonyenya embori na gosanga erio basirie obombochu n'okogechana.
Ogotega	Engencho omoiseke arenge gokora, omosacha tamoikera kemobere ekero bare borere.
Ogotimia	Okoroisia ebitinge na kobekera omoriakari magoro.
Ogotontotia	Okoigwania chinge chi'obokano omobugia atarachaka kobugia.
Okoniba	Korigia enibo ase okogora chiombe gose ebinde.
Okoramokia	Gokora chinsoni ekero ki'enyangi, omong'ina arenge gwasioria chingobo bworokia omonywomi n'omoriakari ase barweete.
Okoramokia abanyanyangi	Omong'ina gwasioria chingobo na kworokia omoiseke oye n'omonywomi ase baeterete ekero baiboretwe aria eero ekero ki'enyangi.
Omoa	Amarwa atarayia abwate obwansu.
Omobirangu	Orokore rwechuma oronyerere rokonywerwa ekegwesi.

Omochia borere	Omoiseke (egesagane) omoke orenge gokoba omoriakari gochia bwoye. Nere orenge korara gati y'omosacha n'omoriakari borere otanga, gose oenekia, omosacha n'omoriakari tibaba amo kemobere enyangi etaraikerana.
Omoigwa	Omwana bw'omosubati omino.
Omoko	Omomura obanywomerete.
Omoneke	Omote otari na magwa, omwororo. Amato aye naro arenge kobekwa riiko ayia ake bwororoba mono abwatania ekebu ekero omonto agoakwa oroki.
Omong'wansi	Omosacha orenge gokonya omonywomi ekero ki'enyangi.
Omonyanyangi	Omokundekane orenge kobwatania chinyangi.
Omonyatai	Omote orenge bwechimuma. Omote oyo naende nigo ore korosigwa orotanga rosatire buya abamura bare gotarera.
Omoriakari	Omoiseke ogokora enyangi, omonyene enyangi.
Omotabararia	Emeri y'omorande oyo noro orenge koroserigwa ekee.
Omoyaba	Engobo ya bosio enachire ekaba chinkini.
Omwanania	Egetaorio.
Omwaro	Omote gose oroko korwa irongo omomura otanywometi okure ore korutwa gochia ime ase embera yaye kworokia amachaya amanene.

Oroki	Goakwa oroki n'okorusigwa amanyinga.
Orokore	Omorande omonyerere omotambe obwate engoro ime yaye okonywerwa amarwa.
Orosiaga	Obonyansi bokoba buna chimoti ekero bwabeire obonene bwarenge gokorerwa chimuma.
Orosoni	Obokima obotang'ani ekero omosacha anywomire. Aiga nario abako abaiseke barenge komanya gose omomura 'naremete kwaye' buya.
Orotonya	Rora erieta ebiranya obwekanie
Ributia	Amarwa atarayia.
Riika	Omokungu ekero akure omosacha nigo arenge konywoma naende. Omosacha oyo omoboraka aise konywoma mokoyoye (omoiseke omwabo mokaye) nere ore kobekwa riika (ribaga).
Riiko	Ase omorero outire/okoutwa.
Riiyo	Risankwa ri'eng'ombe eriomo.
Rikorominyo	Egetongwa kebwate omobere otari iuga korende obisirie n'egesanda egekong'u kenga rigena.
Rirongo (Irongo)	Ensemo y'enyomba igoro ase obori, amarwa ne chinko chiarenge kobekwa.
Risang'ina	Ensemo y'enyomba ase abakungu barenge kogacha ebinto bi'oborugi.
Risankwa	Ekero embori yanyenyirwe nigo risankwa rikorusigwa enyama yaikerwa.

Ritana	Egekuba ki'eng'ombe kere n'amaguta amange.
Ritinge	Omokungu otamete na komenya n'omosacha onde otari oria omonywomete nechiombe.
Siara mache	Ensemo y'enyomba ase ogosoera eero. Getacha mache.
Sumi	Ensemo y'enyomba ase ebinto bikobekererwa.
Tagachi	Isiko y'enyomba ase barenge koanekera ebinto buna amao.

Abasemia korwa Matangi

www.ingramcontent.com/pod-product-compliance
Lightning Source LLC
Chambersburg PA
CBHW031435150426
43191CB00006B/531